푼돈 사냥꾼

일러두기

• 이 책의 모든 정보는 2020년 12월 기준이다.

• 각 장의 마지막에 추천하는 정보는 접근하기 쉽고 혜택이 많은 순서로 배열했다.

• 돈을 버는 일에도 나름의 규칙이 있어야 한다고 믿는다. 조용하고 소박한 생활을 지키기 위해 블로그나 SNS 같은 개인 미디어를 상업적으로 연계하는 돈벌이는 제외했다.

1년에 티끌 모아 천만 원

푼돈
사냥꾼

오일리스킨 지음

위즈덤하우스

오일리스킨이
365일간 깨알처럼 벌어들인 실제 수입

6,899,650원(2019년)
10,210,010원(2020년)

잘나가던 패션지 편집장은
어쩌다 푼돈 사냥꾼이 되었나

2014년 1월, 통장에 월급 꽂히는 삶. 그걸 관둔 후 불안이 찾아왔다. 내 돈 남의 돈 구별 없이 써대며 만들어진 골이 다음 달 월급으로 자동 메워지지 않는다는 걸 각성한 순간은 솔직히 공포였다. 퇴직 1일 차부터 나는 작아졌다. 보일러 온도계를 조절하며 관리비 고지서 앞자리가 바뀌는 상상을 했고, 세탁기 돌아가는 소리에 전기계량기 돌아가는 소리가 오버랩되어 들렸다. 달걀 한 개, 사과 하나 사는 일도 망설여졌고, 처음으로 내가 하는 모든 일에서 돈이 흐르고 빠져나가는 게 보였다. 지금 당장은 단돈 10원이라도 불어날 건수가 전혀 없다는 냉정한 현실을 자각할 때마다 식은땀이 배어 나왔다.

《3만 엔 비즈니스, 적게 일하고 더 행복하기》의 저자 후지무라 야스유키는 "한 달에 3만 엔을 버는 일을 열 개 만들자"라고 말했다.

'그래. 하루에 단돈 얼마라도 벌 수 있는 일을 찾아 부지런히 주머니를 채우다 보면 밥값은 벌 수 있겠지.'

체면 따위는 잠시 내려놓고 온갖 검색과 수소문을 통해 조금은 찌질하지만 치열하게 돈 버는 법을 터득했다. 그리고 고맙게도 이 소소한 벌이들이 지금껏 나를 먹여 살리고 있다.

불안감이 급습할 때면 핸드폰을 열거나 PC를 켜서 돈을 모았다. 모으고 나면 마음이 안정됐다. 겨우 50원 번 걸로 기분이 좋았다. 200원 번 날은 더 기분이 좋았고. 매일 푼돈 버는 일로만 10개를 하니 꽤 돈이 모였다. 사람들을 만났을 때도 일자리를 부탁하는 대신 자신만의 푼돈 버는 비결이 있는지 물었다. 신기하게도 다들 저마다의 '돈 나올 구멍'이 있더라.

이 책에서 소개하는 돈 버는 방법은 동전 줍기와 비슷하다. 특별한 재능은 필요 없고 시간이 많을수록 유리하다. 별 거 아닌데 신이 난다. 그러니 습관처럼 꾸준하게 해내면 된다. 목돈이 팍팍 꽂힐 일은 없지만 1원당 가치로 비교해본다면 이 사소한 벌이 쪽이 훨씬 높고 만족감도 크다. 하나당 벌이가 그리 크지 않으므로 가짓수를 늘려갈수록 좋지만, 그에 반해 스트레스는 거의 없거나 미미하고 아기자기하게 모으는 재미까지 준다. 커리어는 부침도 있고 단절도 있을 테지만 단단히 옆구리에 찬 이 주머니는 당신을 배반하지 않는다. 무엇보다 계속 불어날 것이기 때문이다.

경고하는데, 한 달에 20~30만 원 더 버는 걸로는 도저히 만족할 수 없고 적어도 그 10배는 벌어야 되겠다는 사람이라면 아예 지금 이 책을 덮는 편이 낫다. 나 역시 주변 사람들에게 이 좋은 돈벌이에 대해 열띠게 설명하면 "그 정도 돈이 생활에 도움이 되겠어?"라든가 "너 같은 '고 스펙' 인력이 굳이 왜 그런 잔돈 벌이에 매달리니?"라는 비아냥을 듣는 일도 흔했으니까.

하지만 목돈을 벌 수 있는 시기와 기회에는 한계가 있고 적자 상황이란 예고 없이 찾아오기 마련이다. 느닷없이 해고를 통보받고 자의 반 타의 반으로 사직서를 쓰게 될 수도 있다. 갑작스러운 질병이나 경조사 때문에 가계부에 적색신호가 켜질 때도 있고 기분 좋게 쏜 한턱 때문에 월급날은 멀었는데 당장 만 원 한 장 나올 데가 없을 때도 있다. 이럴 때 월급 외에 '돈 나올 구석'이 있다면 얼마나 위안이 되겠는가.

유일한 부작용이라면 돈을 보는 최소 단위가 10원, 50원, 100원이다 보니 사람이 좀 쪼잔해진다는 거다. 하지만 이렇게 버는 일에 민감해지는 건 좋다. 사고의 단위가 50원, 10원 수준으로 쪼개지면 쓰는 일에는 몇 배는 더 민감해지기 때문이다. 장을 볼 때 10원 단위를 체크하고 별생각 없이 치르던 종량제 봉투 값이나 택배 배송비 여부가 마음에 걸리기 시작할 것이다.

한마디로 부자가 될 수밖에 없는 습관이다. 그러니 '매일 돈 버는 습관'은 기왕이면 한 살이라도 어린 나이에 시작하는 게 좋다. 세상에 널린 이 눈먼 티끌은 꾸준히 모으면 태산을 흉내내는 것도 가능하다.

푼돈 사냥꾼으로서 살기로 한 지 7년 차. 누군가 내게 화려하기로 둘째가라면 서러울 패션지 편집장으로서 살았던 삶과 동전 몇 개 정도의 벌이에 일희일비하는 지금의 삶 중 어느 쪽을 선택할 거냐고 묻는다면, 나는 조금은 고민하다 푼돈 사냥꾼이 된 지금을 선택할 것이다. 월급은 스트레스와 잠잘 시간을 바치고 얻은 대가였다. 하지만 푼돈 벌이는 그 100분의 1 에너지만 투자해도 끝없는 즐거움과 스스로 뿌듯하게 여겨지는 순간들을 안겨주었다. 쓴 만큼 벌기 위해 살던 과거 속 내 삶의 주인은 내가 아니었지만, 번 만큼 쓰는 지금 내 삶의 주인은 확실히 나다.

푼돈 사냥꾼으로서의 바뀐 일상이 매우 만족스러웠던 나머지, 2019년부터 온라인 콘텐츠 플랫폼인 '브런치'와 'ㅍㅍㅅㅅ'에 '매일 돈 버는 여자'라는 제목으로 연재 글을 실었다. 월급날만 목매고 사는 일상을 타개하고픈 직장인, 누구보다 열심히 살지만 늘 빈손이고 마는 청춘들 그리고 독립적인 재정 주머니를 만들고 싶어 하는 전업주부들에게 도전과 체험을 통해 어렵게 깨친 나만의 비결을 알리고 싶은 욕심 때문이었다.

이 책은 정말 한 푼이라도 더 벌고 싶은데, 시간이나 특별한 재능이 없다는 이들에게 권한다. 비전투적인 성향의 사람에게 오히려 잘 맞을 수도 있다. 느릿느릿해도 뚝심 있고 성실한 사람이라면 대환영이다. 대단한 스펙 따위는 거추장스럽다. 푼돈 사냥꾼으로서의 돈벌이는 말하자면 '보물찾기'와 같다. 숨겨진 보물을 찾는 데는 즐기려는 자세와 눈썰미, 적당한 운 정도면 충분하다.

이 책은 말하자면 수십여 가지 돈벌이 보물이 담긴 길라잡이인 셈이다. 이 중 자신의 입맛에 맞는 일들을 고르고, 자신만의 포트폴리오를 어떻게 엮어낼 수 있느냐에 따라 얼마나 벌 수 있느냐가 정해질 것이다. 또 계절 변화에 맞추거나, 몸 컨디션에 따라 다르게 구성해도 좋다. 개인적으로는 가능한 다채로운 일로 엮는 쪽을 추천한다. 끝까지 신나게 벌 수 있기 때문이다.

§은 수입의 정도를 표시한 것입니다.

$는 1만 원 이하, $$는 1만 원 이상 5만 원 이하,

$$$는 5만 원 이상 10만 원 이하, $$$$는 10만 원 이상 40만 원 이하,

$$$$$는 50만 원 이상.

☆은 돈벌이의 난이도를 표시한 것입니다.

★의 수가 많아질수록 전문적인 기술을 요합니다.

차 례

클릭질

경고!
여기서 소개하는 비법들은
일단 알게 되면 중간에 그만둘 수 없으니 주의.

토요일 오후 백화점에 갔다. 날씨는 좋았고 짐짓 들떠 있었다. 처음 눈이 마주친 매장 직원에게 곧장 그 전자기기의 모델명을 말했다. 6개월 동안 마음에 품고 또 품었던 녀석이기에 실물을 마주하니 기분이 좋았다. 백화점 로고가 선명하게 찍힌 쇼핑백을 받아든 후에 실웃음이 터져 나왔다. 에스컬레이터를 타고 내려오면서는 사람들을 붙잡고 마냥 자랑하고 싶어지는 마음을 억눌러야 했다.

　방금 내가 계산을 위해 건넨 5만 원 권 모바일 백화점상품권 세 장은 리서치 회사의 포인트를 모으고 모아 장만한 것이며, 나머지 차액은 '나만의 설문' 은행 계좌에서 빠져나갈 거라는 사실을 말이다. 이 큰돈을 모으는 데 6개월이 걸렸지만, 그동안 내가 투자한 건 하루 30분도 안 되는 시간, 고작 손가락 하나로 클릭하는 수고였다고 하면 순순히 믿어줄까. 설문과 좌담회, 출석체크로 번 돈만 분리해서 은행 계좌에 모으기로 한 건 좋은 생각이었던 거 같다. 이제 계좌 속 남은 돈은 얼마 없지만 다음 목표를 세웠다. 낡은 노트북을 바꿀 돈을 모으는 것! 기간은 1년이다.

지금껏 살면서 돈 버는 게 한 번도 호락호락하다고 느껴본
적 없다. 하지만 이건 만만한 벌이였다. 손가락만 까딱거리면
됐다. 누구나 할 수 있고 할 데도 많고 무엇보다 재미있다. 하
지만 모이는 돈은 소소했다. "이거 해서 얼마 버는데?" 하루
에 1,000~2000원, 많게는 5,000원까지 벌어봤다고 하면 실망
하는 기색이 역력하다. "6개월 동안 100만 원 조금 안 되게 벌
었어. 마침내 갖고 싶었던 걸 샀지"라고 덧붙여 말하면 옆으
로 빠졌던 상대의 시선이 황급히 되돌아온다. "이건 말하자
면, 요즘 유행하는 잔돈 모으기 통장 같은 거야…."

7년 전 나의 퇴사는 계획에 없던 거였다. 사표를 내고 나니
당장 돈 들어올 구멍이라곤 정말 '1'도 없었다. 한 달여를 잔
뜩 불안한 채로 놀았던 나는 돈이 생겨날 거라고 짐작되는 방
향을 향해 직접 구멍을 뚫어보기로 했다. 먼저 떠오른 건 '유
료 설문'이었다. 리서치 회사에 다니던 친구가 알려줘서, 회사
를 다니던 중에도 가끔 리서치 회사의 설문을 이메일로 받아
답변하고 받은 푼돈으로 간식을 사먹곤 했었다.

검색사이트에 '리서치', '설문' 등의 키워드를 넣고 국내외
리서치 회사들의 홈페이지를 죄다 찾아내 회원등록을 했다.

출석체크나 이벤트성 게임으로 포인트를 주는 은행, 신용카드, 보험사, 백화점, 쇼핑몰의 모바일앱도 깔았다. 아침 9시면 출근이라도 하듯 커피 한 잔을 내려들고 PC 앞에 앉았다. 버스나 지하철을 기다리고 이동하는 시간에는 어김없이 모바일앱을 열었다. 지금은 풀리지 않는 원고를 붙들고 있다가 잠시 머리를 식혀야겠다 싶을 때 이메일의 '설문' 폴더를 연다.

벌이가 적다는 건 그만큼 꾸준히 해야 한다는 뜻이다. 가끔 문항이 너무 많거나 질문이 복잡한 설문을 할 때는 중간에 그만둬버리고 싶을 때도 있다. 하지만 지루함과 들썩이는 엉덩이를 억눌러내야 한다. 이건 지금, 오늘이 아니고서는 영영 사라지는 돈이며 남의 차지가 되는 돈이기 때문이다. 정말 사고 싶은 아이템을 위해서 몇 개월을 모았다가 한 번에 기분 좋게 쓰는 경우도 있다. 하지만 대부분의 경우는 그날그날 소비한 만큼의 돈을 벌어들여 제로섬(Zero-Sum)을 만드는 게임이다. 예컨대 도너츠 3개를 사먹은 게 유일한 소비였다면 그날 클릭으로 벌어야 할 목표액을 1,500원으로 잡는 식이다. 운 좋은 날은 이메일 설문 몇 개로도 달성되지만, 아닌 날은 겨우 20~50원 주는 설문 수십 개를 해서라도 목표를 채운다.

푼돈 사냥꾼 7년 차 베테랑으로서 강조하고 싶은 건 참여

횟수 못지않게 효율을 따지라는 거다. 쉽게 말해 출석체크나 설문 응답에 대한 리워드의 '질'을 고려하라는 의미다. 리워드는 원할 때 언제든 현금으로 계좌이체할 수 있거나 환금성이 뛰어난 상품권으로 받는 게 좋다. 포인트라면 '전환' 서비스를 이용해 은행권의 포인트로 바꾼 후 현금으로 전환하거나, 항공권 마일리지로 적립할 수 있는지 확인해두자.

지금껏 해온 것처럼 또다시 6개월 정도를 모은다면 또 한 번의 백화점 나들이가 가능할 거다. 먼지 같은 1원 단위 돈으로 태산을 흉내 내기는 힘들다. 하지만 기분 좋게 놀 수 있는 모래성 쌓기 정도라면 누구에게나 가능하다는 걸 이 푼돈 사냥이 증명하고 있다.

출첵?
입금 완료!

앱테크

$$$$ ★☆☆☆☆

예상 수입	앱 하나당 매월 1,000원 이하.
장점	다섯 살짜리도 할 만큼 쉽다. 티끌 모아 태산 만드는 재미를 알려준다.
단점	기껏 하루 1~3포인트가 고작이다. 리워드 자체가 적고, 그나마도 포인트나 할인권으로 주어지니 돈 만지는 재미는 적은 편이다. 운용사의 사정에 따라 리워드 규모나 현금화 조건 등이 수시로 바뀔 수 있다.
지속가능성	여러 돈벌이 중 가장 중독성이 뛰어나다. 자정이 지나 리셋 시간이 되면, 이들 모바일앱 접속이 힘들 정도로 사용자들이 몰리는 것만 봐도 그렇다. 1원 단위의 작은 돈이지만 꾸준히 모은 후 현금화할 때의 쾌감은 그래서 더욱 무엇과도 바꿀 수 없다.

밤 11시 55분 알람이 울린다. 하던 일을 잠시 멈추고 스마트폰을 찾아 편한 곳에 자리 잡은 후 '출책'이라고 이름 붙인 폴더를 연다. 깜빡 잊고 '결근'한 회사는 없는지 일일이 확인하고 때를 기다린다. 마침내 자정. '출책' 폴더 속 10여 개 회사의 앱을 빠짐없이 열고 닫는다. 손 바쁘게 출석체크를 하는 데 걸린 총 시간은 고작 3분 남짓! 성공적인 출책 미션 완료 후 성취감을 만끽하며 잠잘 준비를 한다. 신데렐라는 시간을 깜빡한 탓에 소중한 유리구두를 잃어버리는 실수를 했지만, 나는 오늘 단 1포인트도 놓치지 않았다.

그리고 다음 날 아침 8시. 이번에는 매일 퀴즈를 맞히거나 룰렛을 돌리면 포인트를 제공하는 '이벤트테크'를 시작할 차례다. 남들이 흔들리는 지하철과 버스에서 스마트폰으로 고작 웹툰이나 드라마 클립을 보며 거북목 증상을 악화시키는 이 시간에, 나는 모바일앱을 열어 부지런히 돈을 벌기 시작한다. 하나당 5포인트, 기껏해야 하나에 5원 가치가 될까 싶은 작은 포인트지만 하찮게 여기지 않는다. 지난 9월에는 추석을 앞두고 신설된 고객 참여 깜짝 이벤트가 유난히 많았는데, 이때 모은 포인트를 돈으로 환산해보니 약 1만 6,000원 정도였다. 다섯 살짜리도 모을 수 있는 출석체크 포인트라고 깔보지 마라. 가랑비에 옷 젖듯 야무지게 모아 살림에 보태다 보면, 수년 뒤에 거북목 치료비로 쓸 수 있는 거액이 될지

누가 알겠는가.

자투리 시간을 활용하는 손가락 놀음

엘리베이터로 오르내리는 그 짧은 시간에, 출퇴근 지하철이나 버스 정류장에서, 심지어 화장실에서 볼일 보는 동안에도 돈을 벌 수 있다. 뒤에서 추천하는 앱을 10개 이상 깔고 매일 2분 내외의 시간만 할애하면, 한 달에 약 1만 원 가치의 포인트를 모을 수 있다.

나는 이렇게 모은 포인트로 편의점에서 음료수나 컵라면을 결제하고, 쏠쏠하게 비행기 마일리지로 전환하고, 케이블 채널에서 드라마나 영화를 볼 때 사용한다. 또 옷이나 화장품을 구매할 때 쇼핑몰 적립금으로 활용하기도 하고, 현금으로 바꿔 은행 계좌에 몇백 원씩 소소하게 저축도 한다. 동전처럼 자잘한 혜택 말고 지폐 한 장짜리는 되는 큰 혜택을 원한다면, 뒤에서 소개한 LF몰(LFmall)이나 하나멤버스 앱을 추천한다. LF몰은 매월 20일 이상 출석체크한 사람에게 상품 구매 시 현금처럼 쓸 수 있는 1만 포인트를 선뜻 제공하며 하나멤버스는 출석 룰렛을 잘 돌리기만 하면 1만 포인트 당첨이 될 수도 있다.

프로 출첵러에게는 특별한 노하우가 있다

새로운 모바일앱을 깔면 일단 '출석체크'나 '이벤트' 메뉴가 있는지 찾아보자. 대개는 메인 화면에 보이지만, 첫 화면이 복잡한 쇼핑몰 앱의 경우에는 찾기가 힘들다. 이럴 때는 상세 메뉴 중 '이벤트' 또는 '혜택' 메뉴로 들어가 보자. 고이 숨겨져 있던 출석체크 메뉴를 찾을 수 있을 것이다.

출석체크 및 매일의 포인트 증정 이벤트가 있는 모바일앱은 보물 상자처럼 하나의 폴더에 담아 관리하는 게 좋다. 한곳에 넣어두면 일일이 찾아다닐 일 없이, 폴더만 열어 순서대로 출석체크를 해치워버리기만 하면 되니 시간을 줄일 수 있다.

포인트를 모으는 일은 그냥 '줍는' 수준의 난이도다. 할 일이라고는 캘린더의 날짜를 눌러 간단히 출석체크만 해주거나 OX 퀴즈를 풀거나, 룰렛 상품판을 돌리는 것뿐이다. 소소한 대가이긴 하지만 은근한 재미도 맛볼 수 있고 무엇보다 매일 뭔가를 꾸준히 하는 습관을 들일 수 있다. 성취감에서 의미를 찾는 것이 바람직한 프로 출첵러의 자세다.

경고! 중독될 수 있음

해당 기업의 직원도 아니면서 365일 매일 출석체크를 하는 내 모바일 속 앱은 10여 개다. 잠시라도 짬이 나거나 핸드폰 화면을 열 때마다 출석 여부를 생각하게 될 정도로 중독성이 엄청 나다. 혹시 바빠서 출석체크를 잊거나 누락한 날은 스트레스를 받을 정도다. 하나멤버스의 경우 출석체크가 시작되는 자정 무렵 동시 접속자 수가 1만 명이 훌쩍 넘는 걸 보면 이런 중독 증상을 느끼는 건 나만이 아닌 듯하다. 큰 인기를 누리고 있는 출석 이벤트의 경우 오후에 늦게 출석했다가는 그날의 출석 리워드가 바닥나서 공치는 날도 흔하니, 그야말로 일찍 일어나는 새에게 절대 유리한 게임이다.

옆 페이지에 쓸 만한 앱테크용 어플을 정리해두었다. 리워드 포인트를 현물이나 현금, 항공 마일리지 또는 쇼핑 할인권 등으로 바꿀 수 있는 활용도 높은 회사들의 앱만 선별해 접근하기 쉽고 혜택이 많은 순서로 배열했다. 이 앱들을 가능한 한 개의 폴더에 모아두자. 빠뜨리는 일 없이 시간 내에 미션을 끝낼 수 있도록. 건투를 빈다.

앱테크용 어플들

L.POINT

미션->출석체크, 물 마시기, L.BOX, 메뉴 고르기

매일 출석체크하면 3포인트, 하루 4시간 간격으로 참여하는 물 마시기 4회를 완수하면 5포인트, 무작위로 포인트를 주는 L.BOX로 최소 4포인트를 받을 수 있다. 하루 1만보 이상 걸으면 시각장애인 단체로 기부하는 동시에 10포인트도 받을 수 있다. 하루 20포인트 내외라고 가정할 때 한 달을 성실하게 참여하면 적어도 500포인트 이상 모을 수 있다는 얘기다. 또 비용이 들지 않는 이벤트를 수시로 공지하는데, 가입만으로 한 번에 1,000포인트 이상 제공받는 것도 가능하니 똑똑하게 활용해볼 만하다.

L.POINT는 G마켓의 스마일캐시, 아모레퍼시픽 뷰티포인트로 100퍼센트 전환해 결제할 때 사용할 수 있으므로 화폐성 가치가 뛰어난 편이다. 대한항공과 아시아나 마일리지로 바꾸기를 원하는 경우 2,200포인트를 100마일리지로 전환할 수 있다.

LFmall

이벤트->출석체크하기

LG패션의 쇼핑 앱으로, 매월 출석 회수에 따라 결제할 때 현금처럼 쓸 수 있는 포인트를 증정한다. 예를 들어 한 달에 20회만 출석체크하면 현금처럼 사용할 수 있는 포인트 1만 점을 준다. '이벤트' 메뉴에서 '진행 중 이벤트'에 들어가면, 출석체크를 하고 그달의 누적 출석수를 확인할 수 있다. 지금까지의 앱테크 경험으로 돌아보건대, 국내 쇼핑몰 중에서 출석체크 혜택을 가장 시원하게 주는 곳 중 하나다.

하나멤버스

머니 즐기기->신나는 룰렛, 룰렛TV, 출석체크

하나카드 계열사의 통합 포인트 앱으로, 출석체크 및 룰렛 게임을 통해 포인트를 제공한다. 포인트를 모아 OK캐쉬백이나 카카오페이 머니, L.POINT, CJ ONE포인트, SSG머니는 물론 해외 항공사 마일리지에 이르기까지 일상에서 사용할 수 있는 대부분의 포인트나 마일리지로 전환할 수 있다는 것이 장점이다. 요컨대 꽝 없는 이벤트로 하루 최저 8포인트 이상 누적 가능하며, 룰렛으로 1만 포인트를 받았다는 당첨자들도 종종 목격된다.

NH멤버스

출석부, 돌림판, 뽑기왕

앱테크 좀 하는 이들의 모바일에 어김없이 깔려 있는 앱이다. 출석만 하면 매일 5포인트를 100퍼센트 증정하며, 더드림퀴즈에서 농협 금융상품 관련 퀴즈를 풀면 2포인트를, '나만 바라봐'에서 농협 광고를 시청한 고객에게 1포인트를 추가 증정한다. 포인트는 현금으로 계좌이체해서 받을 수도 있고 가맹 제휴를 맺은 커피숍이나 프랜차이즈 레스토랑 등에서 사용할 수 있다.

신한페이판

이벤트->오늘의 OX퀴즈 풀고 당첨 기회를!

매일 업데이트되는 신한금융 그룹 관련 퀴즈 또는 일반 상식 퀴즈를 맞추면 자동으로 출석체크되는 동시에 3~5,000포인트가 랜덤으로 주어진다. 추천 혜택을 클릭만 해도 2포인트씩 적립되는 오늘의 추천 포인트 이벤트는 하루 한 번 이용할 수 있다. 적립한 포인트는 현금으로 받거나 카드 연회비나 청구 대금 결제 시 현금처럼 쓸 수 있다. 또 문화상품권으로 받거나 대한항공, 아시아나의 마일리지로 전환 가능하다.

CJ ONE

이벤트->매일룰렛

하루 한 번 참여 가능한 룰렛 게임으로 최대 100포인트까지 랜덤으로 획득할 수 있다. 올리브영이나 CJ계열 쇼핑몰에서 결제할 때 현금처럼 사용할 수 있다. 포인트별로 유효기간이 있어 매월 단위로 상당량의 포인트가 소멸된다는 게 단점이다. 다른 포인트로 전환도 쉽지 않아 적당히 쌓이면 그때그때 바로 사용하는 것이 현명하다.

이마트

이벤트->출석체크

20일 이상 출석해 '20일챌린지'에 성공하면, 이마트 상품권, 스타벅스 음료 기프티콘, 요리 기구, 치킨 교환권 등을 받을 수 있는 경품 행사에 자동 응모된다. 추첨 인원은 250명 내외로 이전보다 당첨 확률이 높아졌다.

해피포인트

메뉴->포인트 적립->출석체크

7일 연속 출석 시 추첨을 통해 1만 명에게 10포인트를, 15일 연속 출석 시 1만 명에게 110포인트를, 한 달 연속 출석 시 100명에게 1만 포인트를 지급한다. 적립한 포인트는 해피오더, 해피마켓, 해피콘 등에서 현금처럼 사용할 수 있는데 가장 인기 있는 사용 용도는 배스

킨라빈스나 파스쿠치 등에서 사용할 수 있는 기프티콘을 구매하는
거다.

I AM YOUR EVENT->출석체크

위 메뉴에 들어가면 하루 1포인트를 적립할 수 있다. 기껏 1포인트
정도지만, GS칼텍스 주유소를 이용하고 GS편의점 결제와 연계해서
포인트를 쌓으면 생각보다 빠른 시간 내에 적립된다. 경험상 3~4개
월 간격으로 GS편의점에서 음료수나 과자 정도 사먹을 수 있는 돈
이 된다. 매월 출석체크 참여자 중 추첨해 진공청소기, LED마스크
등을 증정하는 경품 행사도 실시한다.

캐시슬라이드 스텝업

걷는 만큼 포인트로 적립해준다. 200걸음마다 1캐쉬, 한 번에 최대
15캐쉬까지 적립되므로 일상적인 생활 걸음 수만으로도 생각보다
캐쉬가 빨리 쌓이는 게 장점이다. 3,000걸음 이상 걸어도 15캐쉬까
지만 쌓이므로, 좀 걸었다 싶으면 수시로 앱을 열어 캐쉬로 적립하
고 0캐쉬로 리셋해 다시 캐쉬를 쌓는 것이 노하우다. 이렇게 쌓인 캐
쉬는 세븐일레븐이나 GS편의점의 상품 쿠폰으로 전환해두었다가
쓸 수 있어 걷기 운동을 마친 후 생수나 에너지바를 구매할 때 사용
하곤 하는데 만족감이 배가 된다.

메인 페이지 상단 메뉴->출첵룰렛

현대백화점 계열의 앱으로 출첵룰렛을 통해 10/100/1,000포인트 또는 알파벳을 획득할 수 있다. 모은 H포인트는 온오프라인에서 제품 결제 시 사용할 수 있다. 룰렛을 통해 알파벳을 모을 수도 있는데, 모은 알파벳으로 매월 주어지는 미션 단어를 완성하면 포인트로 교환 가능하다. 백화점 앱답게 한 번에 제공하는 포인트 단위가 평균 100포인트 이상으로 통 큰 편이다.

클릭으로
동전 줍기

설문&리서치 패널

$$\$\mathbb{S}\mathbb{S}\mathbb{S}\mathbb{S}$$ ★☆☆☆☆

예상 수입	매월 최소 1만 원~최대 15만 원+
장점	학습지처럼 매일 할당된 설문이 이메일로 배달된다. 그저 메일을 열고 풀면 되기에 간단하다.
단점	설문 문항이 많거나 어려우면 중도에 포기하고 싶어진다. 내 의지와 상관없이 조사자의 의도에 따라 설문 도중에 '조사 대상이 아니다'며 탈락시키는 일이 잦다.
지속가능성	출석체크만큼은 아니지만 중독성이 있다. 잊어버릴 수는 있어도 완전히 끊기는 힘들다. 리워드는 일정 금액 이상이 되어야만 현금이나 상품권으로 인출할 수 있어 목표 달성 금액이 가까워지면 더 열심히 하게 된다.

아침 10시. PC 모니터 앞에 앉아 가볍게 손가락을 푼다. 이메일함의 '설문'이라고 이름 붙인 폴더의 새로운 메일 수에 '20'이라는 숫자가 떠 있다. 설레는 마음으로 폴더를 연다. 메일을 보낸 리서치 회사의 이름과 약속된 리워드(포인트) 숫자를 확인한 후 가장 '땡기는' 메일을 골라 클릭한다. 눈동자의 움직임과 마우스 스크롤 소리만으로 공기를 채우는 8분의 시간. 마침내 40개를 조금 넘는 질문의 답변을 마치는 순간 '700원이 적립되었다'는 알림이 뜬다. 첫 번째 설문부터 출발이 좋다. 오늘의 누적 목표는 2,000원으로 잡고 다음 이메일 클릭!

인형 눈 붙이기 대신 리서치나 해볼래?

회사를 그만두고 매일 돈을 벌기로 한 후 꼭 지키려는 습관은 매일 아침 10시에 PC를 켜고 여러 리서치 회사로부터 도착한 이메일을 여는 거다. 아침 10시에 시작하는 이유는 두 가지다. 리서치 회사 담당자들이 출근해서 보내는 그날의 이메일이 이 시간쯤 거의 도착하며, 인기 설문의 경우 대개 1시간 내외로 종료될 수 있으니 서둘러야 하기 때문이다. 이렇게 아침 10시의 루틴을 만들고 실천하기 시작한 건 벌써 7년도 더 된 일이다.

퇴직 후 한동안은 마늘 까고 인형 눈 붙이는 일이라도 좋으니 무슨 일이라도 할 수 있으면 좋겠다는 심정이었다. 생계에 대한 불안감과 초조함으로 얼굴에 그림자가 드리워져 있는 내가 안쓰러웠는지 리서치 회사에 다니다가 육아휴직 중이던 친구가 자신의 스마트폰을 들이밀었다.

"그럼 이거라도 해볼래? 큰돈은 안 되겠지만."

'설문'이라고 이름 붙여진 폴더를 열자 이름도 생소한 국내외 리서치 회사들의 앱이 튀어나왔다. 헤이폴, 패널나우, 한국리서치, 오베이, 서베이링크, 갤럽패널…. 그렇게 나는 한 번도 안 해본 사람은 있어도 한 번만 해본 사람은 없다는 중독성 갑, 리서치 패널의 세계로 발을 들여놓았다.

뉴스 속 통계 주인공은 바로 나

TV나 인터넷뉴스에 종종 등장하는 설문조사 자료를 볼 때마다 '과연 누가 저런 리서치에 응하는 걸까?' 궁금했다면 이제는 알 수 있다. 바로 내가 그 설문에 답하는 수십만 명의 리서처(Researcher) 중 한 사람이 되었기 때문이다.

돈 버는 방법은 간단하다. 활발히 활동하는 국내외 리서치 회사들의 설문 패널로 등록하고 이메일이나 앱을 수시로 확인해 업로드된 간단한 질문이나 설문에 답하면 된다. 이메일을 통한 설문은 반드시 PC(데스크톱이나 노트북)에서 열어 응답하는 것이 원칙이다. 가끔 미개봉 영화의 내용이나 장면에 대한 선호도 조사나 동영상 광고의 효과 측정을 위해 동영상 뷰어나 오디오 기능이 필요한 설문도 있으니, 적당한 사양의 PC만 있으면 된다. 문항 수는 꽤 많은 편이지만 대부분 객관식이고, 주관식이 섞여 있어도 비교적 수월하게 답할 수 있다.

모바일앱을 통해 짧은 설문이나 단답형 질문에 참여할 수 있는 곳도 있다. 모바일 조사는 PC용 설문에 비해 포인트가 적은 편이지만 그만큼 응답하기 쉽다. 시사 이슈에 대한 의견을 묻거나 패션이나 뷰티 트렌드, 신상품 의견을 묻는 등 시의성 있는 질문들이 많아서 상식 관리에도 유용하다. 예를 들어 '올해 팬톤에서 선정한 트렌드 컬러 중 당신의 마음에 드는 컬러 트렌드는 무엇인가요?' 같은 질문에 답하고 나면 미팅 자리에서 써먹을 수 있는 유용한 컬러 트렌드 상식을 알게 되는 것이다.

모바일앱의 경우는 지하철이나 버스로 이동할 때, 또는 잠 못 드는 밤 침대머리에서 수시로 열어 답하기 좋다. 객관식 설문은 문항당 평균 1~3포인트 정도가 고작이지만 의외로 포인트 모으는 재미가 쏠쏠하다.

자꾸만 들락거리게 되는 푼돈의 세계

이 세계의 금전 단위는 100원, 1,000원이 아니다. 설문에 대한 최소 리워드가 20원, 50원 단위로 시작된다는 데 유의하자. 쉬운 만큼 보수는 상당히 짜다고 보면 된다. 그러니 목표는 우선 '티끌 모아 흙더미 만들기' 정도로 잡는 게 좋다. 이것저것 가릴 것 없이 처음부터 아예 여러 리서치 회사의 패널로 가입하고 매일 빠짐없이 꾸준히 해치우겠다는 각오가 중요하다.

답변에 대한 대가는 포인트 또는 현금으로 책정된다. 설문의 난이도와 소요시간에 따라 최소 20원부터 500원, 1,000원, 3,000원, 5,000원에 상응하도록 다양하게 적립된다. 포인트의 경우 현금이나 상품권, 음료 및 베이커리 교환권 등으로 바꿔 사용할 수 있다.

겨우 하루 50원씩 벌어서 얼마나 벌겠냐는 이들을 위해 팁을 전한다면, 어느 블로그에서 이렇게 설문 패널로 성실히 활동해서 한 달에 21만 원 정도의 현금으로 바꿀 수 있는 포인트를 모았다는 달인의 체험기를 읽은 적이 있다. 내 경험상 PC용 설문에서 최고액을 받았던 때는 한 건에 7,800원(예/아니오로 답하는 형태이긴 했지만 문항 수가 100개 이상이었던 것 같다)이었다. 하루에 2,000~3,000원대 설문 4개를 끈기 있게 해치워 하루 만 원 정도의 리워드를 받은 적도 있다. 그러니 월 20만 원 정도를 버는 것도 가능하다.

리서치 패널, 어떻게 시작할까?

리서치 패널이 되기로 작심했다면, 날 잡아서 뒤에 소개하는 수십 개의 리서치 회사들 모두에 회원가입하자. 여러 곳에 가입해야 하는 이유는 설문의 대상자를 거주지, 연령대, 직업에 따라 구별하도록 되어 있어, 막상 내가 대상자가 아닐 때도 많기 때문이다. 가입 시 직업, 취미, 핸드폰 기종, 운전 여부와 소유 차종, 쇼핑, 게임 등에 대해 주제별로 물어보는 '기초조사'를 거쳐야 하는데, 응답자별로 적합한 설문지를 보내기 위해 일차적으로 거르는 스크리닝 작업을 위한 것이므로 정확하게 답해야 한다.

리서치를 의뢰하는 회사의 필요에 따라 선호하는 지역, 연령대, 직업군이 달라진다. 따라서 이에 맞지 않는 경우에는 앞쪽 문항 몇 개만 답하다가 조사에서 탈락할 수도 있다. 그렇다고 거짓으로 답해서는 안 된다. 몇몇 리서치 회사들은 거짓으로 답하거나 성의 없는 답변을 하는 경우에 자동 분별 시스템을 이용해 일정 기간 설문에 응할 수 없는 페널티를 주기도 하기 때문이다. 설문이 지겨우면 시간이 오래 걸려도 되니 잠시 쉬었다가 이어가는 식으로 성실하게 답하는 것이 중요하다.

설문지의 구성이나 난이도가 제각각이고 외국계 리서치 회사의 경우 어색한 번역체 문장을 접하게 될 때도 있다. 평균적으로

30개 이내의 문항에 6~7분 정도 소요되지만, 때로는 60~70개 이상의 문항에 답해야 할 때도 있다(지금까지 해본 설문 중 가장 많았던 문항은 어휘력을 테스트하는 어느 논문 작성자의 설문이었는데 총 500개의 문항에 답해야 했다). 정확한 측정을 위해 비슷한 질문이 반복되기도 한다. 그럼에도 불구하고 끝까지 거짓 없이 성실하게 답하는 것이 리서치 패널의 프로페셔널한 자세다. 중간에 지쳐 포기하고 싶을 때면 기억하자. 문항 수가 많고, 질문이 어렵거나 전문적일수록 답변에 대한 금전적 보상이 크다는 사실을!

가입해볼 만한 리서치 회사들

엠브레인(www.panel.co.kr) PC/APP/좌담회

무려 1988년에 시작해 현재 국내에서 가장 많은 110만 명 패널이 활동하는 리서치 회사다. 가입 후 일주일 동안 최소 2,000~3,000원 포인트 누적은 보장한다고 할 정도로 메일로 들어오는 설문의 종류나 수가 다양하므로 반드시 가입해야 한다. 적립금은 만 원 이상부터 신청할 수 있으며 지정한 본인 명의의 통장으로 이체된다. PC와 모바일 설문 외에 '좌담회'도 활발히 운영하는 회사인데 이에 대해서는 다음 장에서 만나보자. 모바일앱 이름은 엠브레인 패널파워다.

AIP 라쿠텐 온라인 리서치(kr.m.aipsurveys.com) PC

일본계 글로벌 리서치 회사로 PC를 통해서만 설문에 참여할 수 있다. 설문의 개수는 물론 빈도가 꾸준하다. 설문당 지급하는 리워드도 후한 편이다. 꾸준히 하면 매월 1만 포인트 이상 벌 수 있으며 계좌 이체를 통해 현금으로 받을 수 있다.

서베이링크(www.surveylink.co.kr) PC/APP/좌담회/체험단

매일 평균 1~2개의 설문이 업로드되고 10분 내외의 설문 1개당 1,000~1,500포인트 정도로 리워드도 높은 편이다. 모든 리서치 회사의 설문을 한자리에서 볼 수 있으며 설문 참여 후 즉시 포인트를 사용할 수 있다. 전문 패널 가입 시 더 많은 설문 참여가 가능하며 모바일로도 참여할 수 있다. 좌담회 외에 신제품을 써볼 수 있는 체험단도 운영한다. 영화 시사회 패널이 되면 정기적으로 진행되는 블라인드 시사회에 참석할 수 있고 시사회 참석 시 5,000점의 포인트도 적립된다.

한국리서치(www.hrc-ms.com) PC/APP/좌담회

일정 금액이 모여야 현금 전환이 가능한 다른 리서치 회사와 달리, 단돈 100원이라도 모이면 매달 어김없이 은행 계좌로 입금해준다. 별도로 신청할 필요 없이 용돈처럼 통장에 들어와 있으니, 사람 기분 좋아지게 하는 법을 아는 회사다. 국내 기업이 의뢰한 설문이 대다수라 설문 문항의 완성도도 높아 답변하기 쉽다. 단, 설문조사 메일이 기대만큼 자주 오지 않는다.

패널나우(www.panelnow.co.kr) PC/APP

단답형으로 대답하는 '퀵서베이'와 일반적인 설문조사를 함께 운영한다. 여타 리서치 사이트에 비해 사용자와의 커뮤니케이션이 활발하고 재미있는 이벤트도 상시 운영한다. 누적 2,000포인트부터 은행 계좌를 통해 현금으로 받을 수 있다.

GS&Panel(www.gsnpanel.com) PC

GS그룹에서 운영하는 소비자 대상 패널 시스템으로 홈페이지를 통해 접속한다. 누구나 답할 수 있는 간편 리서치와 등록 시 입력한 개인정보를 반영한 맞춤 리서치 두 가지를 이메일로 발송한다. 수고비는 패널 머니(M)로 적립되며, 계좌이체해 현금으로 받거나 GS&POINT로 전환해 사용할 수 있다. 하루 출석체크만으로도 5포인트를 지급하며 누적 25일 출석 시 100포인트를 받을 수 있다.

헤이폴 (www.heypoll.co.kr) APP/PC

유명 리서치 플랫폼이었던 틸리언(Tillion)을 SM C&C에서 인수하면서, 이름이 헤이폴로 바뀌었다. 쉬운 객관식 설문 하나당 포인트는 1~3포인트 정도로 낮은 편이지만, 매일 업로드되는 설문 수량이 최대 10개 정도로 많고 SM계열 플랫폼답게 연예인들의 신곡이나 근황을 다룬 흥미로운 문항들도 눈에 띈다. 누적 포인트는 스타벅스, 배스킨라빈스, 편의점, 던킨도너츠 등에서 사용할 수 있으며 해피머니 상품권이나 영화표로도 바꿀 수 있다.

톨루나 (www.toluna.com) PC/APP

한때 엠브레인과 함께 쌍두마차로 불리던 대표 리서치 회사였지만 최근에는 예전 명성에 미치지 못한다는 평이다. 하지만 설문별 제공 포인트가 평균 1,500~3,000포인트로 단위가 큰 편이라 적립 속도가 남다르다. 모바일앱(Toluna Influencers)을 통해 이용자들이 재미 삼아 올린 객관식 또는 주관식 단답형 문항에 답할 수 있다. 이때 '스폰서'라고 표시된 질문 외에는 포인트가 지급되지 않는 데 주의하자. 일정 포인트 이상 누적 시 다양한 방법으로 활용할 수 있는데, 기부를 하거나 포인트를 불릴 수 있는 즉석 복권으로 받을 수 있으나 대부분 백화점이나 쇼핑몰 상품권으로 전환해 수령하는 편이다.

한국갤럽 (panel.gallup.co.kr) PC/APP/좌담회/체험단

한국갤럽조사연구소에서 운영하는 패널로 온라인 설문, 좌담회, 전화조사에 참여하게 된다. 갤럽패널 모바일앱을 통한 설문조사도 비교적 활발히 진행한다. 적립된 리워드 포인트는 리워드 숍에서 커피, 치킨, 베이커리, 아이스크림 숍의 모바일상품권이나 해피머니 상품권, 주유권 등으로 받을 수 있다.

패널퀸 (www.panel-queen.com) PC

설문조사 참여 시 완료, 탈락 포인트를 지급한다. 가입 즉시 500포인트 지급에 30일 연속 출석 시 1,000포인트를 지급한다. 친구 추천 시 500포인트를 주는 등 여타 리서치 사이트에 비해 포인트 퍼주기가 설문계의 '퀸'이랄 정도로 후한 편이다. 포인트는 5,000원 이상부터 현금화 가능하며 이름에서 알 수 있듯 여성과 주부를 대상으로 한 설문이 자주 업로드된다.

라임 (www.lime-in.co.kr) APP/PC

롯데그룹 계열에서 운영하는 리서치 앱. 매일 한두 개의 간편 답변식 설문에 답하면 되고 한 달에 한두 번은 꽤 긴 리서치형 설문이 올라올 때도 있다. 답변에 대한 대가는 L.POINT로 자동 적립된다. 출석체크 기능이 있는 앱으로 출석 포인트가 30점이 되면 랜덤으로 포인트가 제공되는 '라임 나무' 추첨 게임에 참여할 수 있다.

오베이 APP

국내 최초로 모바일 기반 리서치 플랫폼을 선보인 회사로 설문 내용이 간편하고 화장품 등 생활용품 주제가 많아 여성들이 선호하지만, 가입자 수가 많아 설문이 빨리 마감된다. 누적 포인트로 상품을 구입하거나 현금화할 수 있으며 구호단체에 기부할 수도 있다.

리서치계의
꿀알바

소비자 좌담회

$$ $$$ ★★★☆☆

예상 수입	건당 최소 3만 원, 평균 5만 원. 특정 조건이나 직업군 등을 지정해서 찾을 때는 20~30만 원도 호가한다.
장점	시간당 수고비가 높은 편이다. 별다른 노하우 없이 토론 사회자의 지시에 따르기만 하면 된다. 몇 마디 안 한 것 같은데 1~2시간은 금방 지나간다.
단점	선출 경쟁이 치열하다. 토론을 잘했다고 해서 다시 불러주지 않는다. 철저히 '표본'을 기준으로 선정한다.
지속가능성	좌담회 자체의 난이도는 평이한 편이나, 워낙 경쟁률이 높아서 빨리 마감되므로 뽑히는 것 자체가 힘들다. 수시로 업데이트되는 좌담회 일정을 체크해 자신에게 맞는 주제가 있다면 주저 말고 신청하도록. 신청한다고 다 선발되는 것도 아니고 사전 전화 확인에서 탈락할 수도 있으니 가능한 여러 곳에 발을 대놓는 것이 좋다.

처음에는 마냥 열정적으로 달려들었던 설문조사. 하지만 신나게 몇 개 문항만 답변했을 뿐인데 '조사 대상자가 아니다'는 통보와 함께 20~50원만 받아 돌아서야 하는 일이 잦아졌다. 기껏 50개가 넘는 문항을 집중해 읽고 고심해서 답했는데, 그 대가로 쥔 돈이 몇백 원일 때는 야속한 생각마저 들었다. 가랑비에 옷 젖는다지만 이 푼돈 모으는 일로 과연 좋은 날이 올 것인지 회의감이 생겼다.

하지만 리서치 회사들에 대한 비호감을 반전시킨 순간이 찾아왔다. 몇 주 전 엠브레인에서 이메일로 보내온 설문 중 보험 관련 내용이 있었는데, 평소 보험에 관심도 많고 갖가지 이유로 가입해놓은 보험상품 개수도 상당했던 나는 신나게 설문을 완료했다. 그런데 2주 후에 전화 연락으로 '보험 관련 설문에 정성스럽게 답해줘서 고맙다. 같은 주제로 열리는 좌담회 참석자로 초대하고 싶은데 참석할 의사가 있느냐'고 물어왔다.

좌.담.회. 일찌감치 리서치계에 발 담근 선배 리서처들의 블로그 글에서 '리서치계에 발을 걸치고 있다 보면 가끔 동전이 아닌 지폐를 만져볼 일이 생기며, 참석할 수만 있으면 그야말로 꿀알바다'라고 누누이 찬미했던 바로 그 세계로부터 초대장이 도착한 것이었다. 당시까지도 좌담회의 개념을 정확히 모르고 있었으나 리크루터의 설명에 따르면 사전 과제로 현재 가입하고 있는 보험상품명

을 알려주고, 좌담회 참석 당일 가입한 보험증서 등으로 실제 가입
사실을 증명한 다음, 90분짜리 토론식 좌담회에 참석하면 총 9만
원을 지급한다고 했다. 설문으로 그 돈을 벌려면 서너 달을 집게손
가락으로 100만 번은 클릭하는 중노동을 해야 할 텐데, 2시간도 안
되는 시간에 9만 원을 벌 수 있다니! 특히 회의 주재 및 토론하기
는 대학시절부터 내가 즐겨하던 일이 아니었던가. 익숙해져버린
동전이 아닌 지폐를 세어볼 생각에 나는 짐짓 들뜨기 시작했다.

　좌담회 참석 의사를 밝히자 리크루터는 좌담회 가입 자격 판별
을 위해 질문을 던질 텐데 약 15~20분 정도가 소요될 거라고 했다.
9만 원인데 까짓 15분 정도야 괜찮다고 했다. 이후 가입한 보험의
종류부터 월 불입액 등 보험과 관련한 질문 수십여 개가 이어졌는
데, 그 자체로도 인터뷰라고 해도 충분할 것 같았다. 다행히 보험
관련 서류들을 한자리에 모아두는 습관 때문에, 당황하지 않고 까
다로운 질문들에 대한 답변을 완료했다. 리크루터는 최종 좌담회
참석 가능 여부는 늦어도 내일까지 통보되며 좌담회 일정도 그때
알려준다고 했다.

　지금에야 생각해보면, 좌담회라는 꿈의 무대에 입성하기 위해
가장 까다로운 '낙타의 바늘귀'에 해당하는 단계가 바로 이 리크루
터와의 통화였다. 이들은 매우 상세하고 전문적이며 집요한 질문

들을 쉼 없이 던지는데, 이 질문을 통해 해당 주제에 적합한 실제 사용자·경험자인지와 다른 참석자들의 이용 경험과 겹치는 인물은 아닌지를 구분해낸다. 물론 토론으로 진행하는 좌담회식 대화법에 무리 없이 참여할 수 있는 사람인지도 전화 통화를 통해 분별해낸다고 한다. 질문의 수도 많고 꽤 구체적인 시기나 지불한 비용을 기억해서 답해야 하는 경우도 생기는데 최대한 기억을 짜내서 성의 있게 답하려는 태도를 보여야 한다. 리크루터의 입장에서 생각해보면 이런 대화를 하루에도 수십 명과 나눌 텐데, 성의 없거나 퉁명스럽게 대답하는 이들에게 굳이 '꿀알바'의 기회를 줄 이유가 없지 않은가.

생애 첫 좌담회 기회를 잡으려는 나의 노력이 가상했는지, 리크루터와의 통화가 끝난 후 몇 시간이 지나지 않아 좌담회 참석 승인 및 일정을 알리는 문자가 도착했다.

이것이 좌담회다

마침내 좌담회 당일. 강남역에 위치한 엠브레인 본사의 대기실이 좌담회 참석자들로 꽉 들어찼다. 알고 보니 이들은 각기 다른 주제의 좌담회에 참석하는 사람들이었고 좌담회가 시작되기 전 개인정보(녹취 및 촬영 허가) 이용에 대한 동의서를 작성하는 동안 김밥과 음료가 제공되었다. 잠시 후 내 이름을 호명한 담당자를 따라 좌담회 룸으로 들어갔다.

원형의 테이블과 화이트보드가 있는 방은 언뜻 작은 회의실 같았다. 하지만 사회자가 곳곳에 설치된 비디오카메라를 통해 녹화가 이뤄지며 전면 거울로 된 한쪽 벽면의 방에서 전문가들이 회의 내용을 시청하고 있다는 사실을 알려줬다. 보이지 않는 곳에서 누군가 내가 하는 말과 행동을 보고 있다는 영화 같은 상황에 잠시 두근거렸으나, 막상 좌담회가 시작되자 거울 뒤쪽 상황을 신경 쓸 틈이 없었다.

내가 속한 좌담회 그룹은 1인 가구 여성들로부터 보험 관련 이야기를 듣기 위한 곳으로 연구원, 은행원, 대학원생 등 다양한 직업군의 싱글 여성들이 참석했다. 여기저기 보험에 가입했을 뿐 관련 지식은 일천했던 나와 달리, 몇몇 참석자들은 꽤 깊이 있는 지식을 자랑했으며 토론 기술마저도 뛰어났다. 시간이 흐를수록 나와 비슷한 라이프스타일로 동시대를 살아가는 이 멋진 여성들에게 존경심마저 품게 되었다. 예고했던 1시간 30분이 금세 지나가고 사회자는 만족스러운 모습으로 좌담회를 종료했다. 엘리베이터 안에서 좌담회에 참석했던 '동지'들에게 '이런 좌담회에 자주 참석하시느냐' 하고 물었는데, 의외로 모두 처음이었다는 대답이

돌아왔다. 좌담회 공지가 뜰 때마다 부지런히 지원했지만, 소문대로 뽑히기는 어려운 것 같다고 누군가 이야기하자 다들 고개를 끄덕였다. (각자의 영역에서 치열하게 살아가는 1인 가구 여성들을 만나게 되어서) 반가웠다는 진심 어린 인사를 건네고 헤어졌다. 좌담회, 역시 듣던 대로 참 좋은 거였어….

아는 사람만 안다는 좌담회의 세계

좌담회는 리서치 회사에서 좀 더 구체적이고 주관적인 데이터를 얻기 위해 패널 중 몇 명을 불러다가 토론 형식으로 의견을 청취하는 조사 진행법을 말한다. 신제품 또는 기존 제품에 대한 신랄한 리뷰, 서비스 사용 소감, 쇼핑 경험 등이 주제가 된다. 인터넷에는 좌담회 참석 기회는 흔치 않으며 그야말로 '꿀알바'라는 찬양 글이 넘쳐난다. 그 이유는 수고비가 평균 3~5만 원 선이고, 주제에 따라 8~10만 원 이상을 지급할 때도 많기 때문이다. 심지어 지인 중에는 몇 년 전 수입 자동차 관련 좌담회에 참석해 30만 원을 수령했다는 이도 있었다. 수고비도 하루 이틀 내로 빠르게 입금된다.

좌담회는 FGD(Focus Group Discussion. 집중 집단 토론)라는 단어의 의미처럼 의뢰하는 고객사의 상품 또는 영업 분야와 직접적인 이해관계가 있는 사람들로 선별한다. 따라서 실제 제품을 소유하고 있거나 시설 및 서비스를 이용해본 사람을 찾는다. 예를 들어 자녀 학습지 서비스 이용 경험에 대해 얘기해 달라거나, ○○은행의 대출상품을 이용했다거나, ○○자동차를 소유해본 사람들이 대상이 되는 거다.

헤어 스타일리스트, 자영업자 등 특정 직업군을 찾기도 한다. 이 경우 표본 집단을 찾기 힘든 만큼 수고비가 높아지는데 최소 10만 원 이상이다. 특정 직업군 FGD의 경우, 내가 해당되지 않더라도 주변 인물을 추천할 수 있다. 내 추천으로 선정되면 5,000원 정도의 소개비를 받을 수 있다. 또 새로 출시된 식품이나 음료를 시음하고 디자인과 광고물을 평가하는 비교적 쉬운 분야도 있다. 이 경우 자녀가 있는 주부나 여성들을 대상으로 하는 경우가 많으며 수고비는 3만 원 정도로 낮은 편이지만, 소요시간이 한 시간 내외로 짧고 모집 인원이 많아서 뽑힐 확률이 높다.

좌담회는 리서치 회사들이 객관식 설문 외에 보다 깊이 있고 구체적인 답변을 얻기 위해 운영하는 경우가 대부분이다. 엠브레인, 한국리서치, 서베이링크 등 주요 리서치 회사의 웹페이지나 모바일앱에 수시로 업데이트되는 좌담회 목록을 확인하고 참석 가능한 주제에 이름과 연락처, 간단한 답변을 올리는 식으로 지원할 수 있다.

좌담회를 운영하는 리서치 회사들

- 엠브레인(www.panel.co.kr)
- 한국리서치(www.hrc-ms.com)
- 서베이링크(www.surveylink.co.kr)
- 한국갤럽(panel.gallup.co.kr)

그 외 다음 카페나 네이버 카페에서 좌담회 인력을 전문으로 모집하는 곳도 있으며, 일정 수수료를 받고 모객을 대행하는 리서치알바(researchalba.com), 알바뱅크(www.albabank.pe.kr) 등의 사이트도 있다. 이들 카페나 사이트는 리서치 회사 외에 일반 기업에서 진행하는 좌담회 정보도 다루므로 선발 확률이 더 높은 편이다. 네이버나 다음 카페에서 '리서치' '좌담회' 등의 키워드로 간단하게 검색할 수 있고 누구나 가입할 수 있다.

몸 쓰기

"직장을 그만둔 후, 나는 위쪽으로 향하던 시선을 거두고 지평선을 향해 두기로 했다. 일생일대의 꿈같은 것보다는 좀 더 자유롭고 오래가는 현실과 가까워지기로 한 것이다."

- 마이클 르부프, 《10년 안에 10억 벌기》 중에서

편집장 시절 마감할 때면 앉은 자리에서 수백 장의 원고를 읽어내는 체력이 필요했다. 하루에 수백 가지 결정과 선택, 해결책을 고민하다 보면 스트레스가 몸집만큼 쌓이는 기분이었다. 배출구를 찾아야 했다. 결론은 몸을 쓰는 거였다. 9층 사무실까지 계단을 오르내리면 금세 기분이 좋아지고 에너지가 생겼다. 한강 둔치를 걷거나 테니스장에서 정신없이 공을 받아내고 나면 복잡했던 머릿속이 깨끗해졌다. 지금 와서 생각해보니 다행스럽게도 나는 몸 쓰는 걸 좋아하는 사람이었다.

계획 없이 닥친 인생 2막에는 머리보다는 몸을 더 많이 쓰는 일을 하고 싶다는 막연한 로망을 품었다. 솔직히 말해 생각 없이 하기 딱 좋은 일거리를 찾고 있다는 쪽이 맞겠다. 몸과 마음을 혹사하며 돈과 명예를 다 누린 인생 1막을 보냈으니 이제는 딱히 번듯하고 의미 있는 일을 욕심내지 않는다.

그래서 화장품 임상실험 테스터를 할 때 나는 시키는 대로 얼굴이나 등을 내주고, 사인펜으로 팔에 점을 찍어도 아무렇지 않은 사십 대 중반의 아무개가 되는 일이 편했다. 아침 7시부터 끝이 안 보이게 펼쳐진 대파밭에서 반복적으로 호미질만 해도 자괴감 같은 건 생기지 않았다. 몸 쓰는 일에서는 시간을 잘 지키고 약속된 시간만큼만 일하면 된다. 내 몸을 내주고 그만큼의 시간당 대가를 받는 일이라고 받아들이면 마냥 기다리고 대기하는 시간에 대한 불만이 없어진다. 아무것도 하지 않는 게 스트레스가 된다면 그 시간을 활용하는 또 다른 놀이를 찾으면 그뿐. 대기 시간 동안 나는 모바일 설문을 하거나 포인트 사냥을 한다.

이 바닥의 선배로서 당부하고 싶은 말은 몸 쓰는 일은 수입 관리가 중요하다는 거다. 몸 쓰는 일은 대부분 일당 개념이라, 그 대가로 받는 금액이 10만 원 내외로 꽤 큰 편이다. 현장에서 받을 때도 종종 있고 2~3일 후면 계좌이체되니 비교적 신속하게 돈을 쥘 수 있다. 하지만 일이 비정기적이라 체계적으로 돈을 모으고 관리하기 힘들다는 문제가 생긴다. 실제로 동네 친구들 몇몇이 모여 농촌형 일꾼으로 갔다가 매번 그날 받은 돈으로 술판을 벌이는 바람에 종일 번 돈을 다 날리는 경우가 흔하다. 촬영 후 보조출연자들과 어울려 술값을 내고 장거리 택시비를 냈더니 12시간 동안 촬영장에서 대기하며 번 돈이 사라졌다는 얘기도 종종 듣는다.

몸 쓰는 일로 번 돈은 '내 손에 들어와야 내 돈이다'라고 생각해야 당일 탕진을 막을 수 있다. 이렇게 번 돈을 나는 현금으로 처리해야 하는 가계 항목의 충당금으로 쓸모를 정하고 모은다. 결혼식 축의금, 장례식 조의금 같은 경조사비로 나갈 돈의 예비비로 모으는 게 딱이다. 땀 흘려 벌어들인 돈, 특히 구체적인 사용 용도를 정해둔 돈은 함부로 쓰기 힘들다.

내 살갗, 머리카락으로
지어 벌겠소

화장품 임상실험 테스터

$$$$$ ★★☆☆☆

예상 수입	실험 한 건당 6~12만 원, 최대 30만 원까지.
장점	피부와 모발만 있다면 누구나 할 수 있다. 아무 말, 아무 생각 없이 그냥 시키는 대로만 하면 된다.
단점	하염없이 기다려야 한다. 실험과 실험 사이의 대기 시간이 80퍼센트 정도다. 지루함과 싸워야 한다.
지속가능성	임상실험 하나당 평균 2~3회 방문이 조건이며, 방문 시 소요시간은 2~3시간 정도다. 하나만 참여해도 반찬값 정도는 벌 수 있다. 실험에 참여하기도 쉽고 그 과정이 어렵지 않으며 임상기관의 측정 환경도 쾌적한 편이라 자신도 모르게 다음 실험 신청자 명단에 이름을 올리게 된다.

"주말에 와이프 따라갔다가 20만 원이나 벌었어요." 평소에는 재미없는 이야기만 늘어놓던 클라이언트와의 점심 식사. 그가 무심코 던진 한마디에 나는 내내 그릇에 박고 있던 얼굴을 치켜들었다. "출시 전의 화장품을 얼굴이나 몸에 바르고 자극은 없는지, 효과가 있는지를 체크하는 임상실험 같은 건데…."

저거다! 꽤 괜찮은 돈 냄새를 맡은 내 코는 기쁨에 씰룩였다.

"과장님, 그거 어떻게 하면 되는 거예요?"

뷰티에디터 경력에 나름 화장품 관련 기사들로는 꽤 인정받던 패션지의 편집장 출신인 내게도 화장품 보도 자료에서 눈을 가리고 등장하거나, 피부 개선율 같은 퍼센트 숫자 속 임상 테스터의 존재는 늘 미스터리였다. 그 오랜 궁금증을 해결하는 것도 모자라 짭짤한 실험 참여비도 챙길 수 있다니 심장이 두근거렸다.

임상실험이란 말 그대로 실제 사람의 피부, 모발을 대상으로 실험을 하는 것이다. 우리나라에서 제조되는 화장품의 경우 해당 제품의 성분이나 제형이 피부 자극이나 알레르기 반응 등을 유발하지 않는지에 대한 임상실험 단계를 거쳐야 한다. 특히 저자극, 보습, 안티에이징 등 화장품 기능과 관련한 표현을 사용하려면 좀 더 복잡하고 전문적인 실험이 필수다.

이런 임상실험은 몇몇 대학교의 부설 임상기관 또는 전문 임상기관에서 시행하는데 브랜드에서 제품 타깃으로 삼는 연령대·피부 타입·성별에 맞는 다수의 일반인들을 상대로 일정 기간 동안 기능성 효과를 검증하도록 되어 있다. 검색창에 '화장품 임상실험' 등의 검색어를 넣으면 상당히 많은 임상기관의 홈페이지가 뜬다. 여기서 실험 공고 또는 실험 참여 창을 클릭해 수많은 리스트 중 시간상 참여할 수 있는 실험을 선택한다.

실험 선택 시에는 가능한 일정과 소요시간, 연령, 테스트 부위 등을 체크하면 된다. 소요시간은 평균적으로 1시간 반~2시간 정도인데 평균 3~5건의 실험이 진행된다. 이 실험이라는 게 대부분 5분 내외로 끝나므로 나머지 80퍼센트 정도는 내 이름이 불리길 기다리며 대기하는 시간이라고 보면 된다. 다음으로 피부 타입, 거주지 등 간단한 정보를 기입해 제출하면 하루 이틀 후 임상실험기관에서 전화로 개별 연락해 적합 여부를 확인하고 가능한 방문 일정을 조정해준다.

잘 바르고 잘 기다린다

첫 방문은 좀 당황스러웠다. 오전 10시, 여의도에 위치한 한 임상기관의 문을 열고 들어가니 약 100여 명의 실험자와 피실험자가 뒤섞여 어지러운 대기실이 눈에 들어왔다. 입구의 직원에게 이름과 온라인으로 신청한 실험명을 말하자, 세안실을 가리키며 클렌저로 얼굴을 세안하고 기다리라고 했다. 북적이는 세안실에서 비치된 클렌징폼으로 세안을 한 후 빈 의자에 앉았다.

분위기에 조금 익숙해지자 이들 중 흰색 가운을 입고 공중에 크게 이름을 불러대는 이들은 실험자들이고, 얼굴에 시트형 마스크를 붙이고 있거나 팔을 걷어붙이고 있는 이들은 나와 같은 피실험자임을 구분할 수 있게 되었다. 피실험자들 대부분은 20~50대의 여성들이었는데(간간이 남성이나 외국인도 눈에 띄었다), 자연스럽게 엿듣게 되는 대화 및 통화의 내용으로 보아 상당수가 자녀를 유치원이나 학교에 등교시키고 온 주부들이었다. 언제, 어디서 이름이 불릴지 몰라 미어캣처럼 몸을 곧추세우고 초조해하는 나와 달리, 베테랑 피실험자들은 이런 기다림에 익숙하다는 걸 보여주기라도 하듯 미리 챙겨온 책을 읽거나 뜨개질을 하는 등 여유 있는 모습이었다.

나의 첫 번째 임상 테스트 제품은 수분 크림이었는데, 집에 돌아갈 때쯤 왼쪽 팔 안쪽에 나란히 검은 매직으로 그린 가로세로 1cm 크기의 정사각형 마크 2개가 남았다. 앞으로 그 마크 중 한곳에 주어진 화장품을 꾸준히 발라주되, 절대 해당 부위에 물이 닿지 않아야 한다고 했다. 이후 2주 동안 가이드를 철저히 지키며 팔뚝을 사수했는데, 나도 모르게 소매를 걷어올렸다가 다 늙은 딸내미가 어디 가서 문신이라도 한 줄 아신 어머니와의 해프닝을 제외하고는 일상생활에 전혀 지장이 없었다.

2주 후 다시 임상기관을 방문해 제품을 하루도 빠짐없이 사용했다는 사용 일지와 사용하고 남은 제품을 반납했다. 그리고 지난 2주 동안 해당 화장품을 사용한 후 피부 변화를 여러 실험으로 꼼꼼히 체크했다. '모든 측정이 끝났으니 집에 가도 좋다'는 얘기를 들으면 해당 임상실험은 끝이며, 임상 참여비는 일주일 후 은행 계좌로 입금된다.

해치지 않아요

임상실험이라고 해서 겁먹을 필요는 없다. 전자 체온계처럼 생긴 수분 측정기를 얼굴이나 몸에 붙였다 떼는 것으로 수분을 측정하거나, 작은 암실 같은 촬영 세트에 얼굴을 대고 사진을 찍는 것이 대부분이다. 헤어 실험의 경우, 제품으로 머리를 감거나 머리카락 몇 가닥을 뽑기도 한다. 머리카락을 채취하는 정도가 최고 통증일 정도로 아픈 실험도 없고 복잡한 실험도 없다. 돌이켜보건대 개인적으로 가장 힘들었던 실험은 등에 자외선차단제를 바르고 빛을 쬐어 차단 효과를 측정하는 실험이었다. 빛을 조사하는 동안 약 30분 정도를 움직임 없이 엎드려 있어야 했는데, 그나마도 이제는 익숙해져서 채 5분도 안 되어 잠들곤 한다.

임상실험 하나당 소요되는 기간은 천차만별이지만 평균적으로 2~3주 정도다. 이 기간 동안 매일 방문하는 게 아니라, 집에서 테스터용으로 받은 화장품을 가이드에 맞게 사용해보고 2~3회 센터를 방문해 피부 변화를 측정한다. 테스터 제품을 사용하는 경우 임상 센터에서 준 '일지'에 아침저녁으로 제품을 성실히 발랐는지를 체크하고, 실험이 끝나는 날 남은 테스터 제품과 함께 제출해야 한다.

모든 실험은 일대일로 진행되는데 평균 대기 시간이 1~2시간이며, 많게는 8시간 이상을 계속 센터에서 대기해야 하는 경우도 생긴다. 물론 대기 시간이나 실험 난이도가 높아질수록 수고비는 올라간다. 2년 이상 임상 테스터로 활동해온 내 경험상, 노력 대비 수고비를 고려했을 때 가장 좋은 실험은 2주간 3회 방문, 소요시간 2시간 안팎에 9만 원 정도를 받는 경우다. 하루에 끝나지만 대기 시간이 8시간 이상이 되는 실험도 있고(수면 중 피부 상태를 측정하는 20시간짜리 철야 테스트도 있었다), 3개월 동안 제품을 사용해야 하는 마라톤 테스트도 있었다. 오가는 교통비와 수고는 동일하다고 봤을 때 가능하면 가성비가 높은 실험을 선택하는 게 좋다.

피부 테스트의 경우 동일 부위에 실험을 중복해서 받을 수 없으며, 피부 세포 재생 주기가 한 달 정도라는 점을 고려해 한 달에 평균 1.5~2개 정도만 참여할 수 있다. 모발 실험이나 등 부위에 실시하는 자외선차단제 실험 등은 중복으로 참여할 수 있다. 얼굴에 심한 흉터가 있거나 심한 여드름 피부나 켈로이드성 피부, 태닝을 심하게 한 경우에는 탈락할 수도 있다.

임상실험의 특성상 출시 전 화장품을 발랐다가 피부에 자극 반응이 나타날 수 있기에 각 임상연구센터는 전문 병원들과 협약을 맺어 피부 이상이 발생할 시 곧장 지정 병원에서 치료를 받도록 하고 있다. 믿을 만한 애프터 케어를 받을 수 있다는 보장이 있긴 하지만, 평소 민감성 피부 타입이거나 특정 화장품 성분에 대한 알레르기 반응이 심한 사람이라면 추천하지 않는다.

얼마나 벌까

최초 참가 시에만 신분증과 통장사본을 제출하면 이후에는 자동으로 입금된다. '교통비' 명목으로 지불하는 임상 참여비는 1회당 최소 2~5만 원, 평균 3만 원이 책정된다. 대부분 1회 실험으로 그치지 않고 일주일 정도 간격으로 평균 3회 정도 센터를 방문해야 하므로 3회 참여 기준으로 대개 9만 원 내외로 벌 수 있다. 복잡한 실험의 경우 1일 교통비로 5~8만 원 이상을 지불하는 경우도 있다. 결제는 일주일 후 은행 계좌로 입금되며 따로 세금을 부과하지 않는다. 피실험자가 부족할 경우 별도로 신청하지 않아도 등록된 전화번호로 연락해 급하게 모객을 하는 경우도 있고, 카카오톡 친구 등록 시 실시간으로 실험 정보를 체크할 수 있다.

식약청에 따르면 우리나라에서 매달 출시되는 화장품은 300개 이상이라고 한다. 이 제품들이 모두 임상실험을 거쳐야 한다는 사실만 생각해봐도 임상 테스터라는 일의 지속가능성은 상당히 뛰어나다. 시간을 낼 수 있고 특이 타입의 피부가 아니라면 대체로 안전하며, 누구나 쉽게 실험 참여 기회를 얻을 수 있다는 점에서 쉬운 돈벌이 방법으로 추천한다. 임상 센터에서 알게 된 5년 차 베테랑의 말마따나 '한 달 반찬값 버는 알바'라고 생각하면 꽤 괜찮다는 게 이 일의 장점이다.

화장품 임상연구센터

- P&K 피부임상연구센타(www.pnkskin.com)/서울 영등포구 여의도동
- 한국피부과학연구원(www.skinresearch.or.kr)/서울 송파구 문정동, 서울 금천구 가산동
- KC피부임상연구센터(www.kcskin.com)/서울 영등포구 양평동
- 더마프로(www.dermapro.co.kr)/서울 서초구 방배동
- 글로벌의학연구센터(www.gmrc.co.kr)/서울 강남구 신사동, 서울 서대문구 충정로3가
- 충청북도 화장품임상연구지원센터(www.cbgcc.or.kr)/충청북도 청주시 오송읍

귀촌을 꿈꾸는
간헐적 농부입니다

농촌형 일꾼

$$$$$ ★★★☆☆

예상 수입	지역별로 차이가 있지만 보통 오전 7시~오후 5시까지 일하며 중간에 1~2시간 정도 휴식하고 평균 8~9만 원 가량 벌 수 있다.
장점	자연을 벗 삼아 힐링하는 단순 노동이다. 농촌 생활에 대한 로망이 있는 사람이라면 강력 추천한다.
단점	농촌 일은 확실히 몸 노동으로 체력이 관건이다. 작업 환경과 계절 등에 따라 난이도가 달라지며, 농번기와 농한기에 따라 수입 차가 크다.
지속가능성	코로나19로 인해 외국인 노동력들이 대거 빠져나가면서 국내 노동 인력에 대한 수요가 커졌다. 농업의 현대화뿐 아니라 디지털 상거래를 이용한 농수산물 직거래를 통해 개별 농가의 경쟁력도 커지고 있으므로 은퇴 후 귀촌을 꿈꾸는 사람들에게는 실전 연습의 장이 될 수 있다.

텃밭 가꾸는 재미에 푹 빠지신 시골 부모님 댁에 갈 때면 어색하나마 낫질이나 호미질을 한다. 한 번은 과실수 묘목을 심으신다기에 호기롭게 삽을 들고 달려들었는데, 채 2시간도 못 채운 삽질로 오른쪽 손바닥에 굳은살이 배겼다. 나 같은 책상물림의 고운 살은 농사일에 무리라는 걸 알려주기 위함이었을까. 텃밭 주변에 무성하게 난 여름풀 베는 걸 돕겠다고 나섰다가 일사병에 걸려 이틀을 몸 져누운 적도 있다. 몇 번의 농촌 '체험' 후 내가 내린 결론은 은퇴 후에 전문 농사꾼으로 사는 건 어렵겠다는 것이었다. 하지만 간간히 하는 흙일만으로도 농사의 재미를 알아버렸다.

은퇴한다면 내가 꿈꾸는 건 귀촌이다. 귀농이 아닌 이유는 재능과 열정이 부족해 전문 농사꾼은 못 되겠지만 도심에서 적당히 떨어진 곳에 터를 잡고 꽃과 나무, 채소를 키우면서 글을 쓰고 싶기 때문이다. 작가로 글을 쓰는 작업은 사실 어지간히 집중하지 않고는 어렵다. 하루 수 시간씩 모니터를 노려보며 뇌를 쥐어 짜내듯 글을 쓰고 나면 몸이 아프다. 그렇게 생긴 후유증은 몸을 쓰는 걸로 풀어야 한다. 일주일에 한두 번 풀을 베고, 땅을 파고, 흙을 고르며 내 몸을 보다 생산적인 용도로 쓰는 일이 제격이다. 내가 농촌형 일자리에 관심을 갖게 된 이유다.

농촌형 일자리, 어디서 구할까?

"농촌 단기 일자리를 지원해드립니다. 단기 일자리가 필요하신 분, 귀농귀촌을 꿈꾸시는 분, 농촌체험을 원하시는 분." 을지로3가 지하철 역사 벽에서 발견한 푸릇푸릇한 포스터에 걸음을 멈췄다. '서울시 일손교류 프로젝트 중간지원조직 (주)푸마시'라고 쓰여 있는 이 포스터는 중개수수료 없이 무료로 일자리를 알선해주는 것은 물론 교통비와 상해 보험료까지 지원해준다고 했다. 그러고 보니 얼마 전 뉴스에서 코로나19로 인해 해외 노동력들이 빠져나가면서 농촌의 일손 부족 상황이 최악이라는 얘기를 들었었다. 그날 밤 집으로 돌아와 푸마시(www.poomasy.com)에 회원 등록을 했다.

농가일의 경우 도시형 일자리의 최저시급보다 높은 1시간당 1만 원을 지급하는데 작업 난이도 및 날씨에 따라 1만 2,000~1만 3,000원까지 올라가기도 하며, 풀을 베는 예초기나 트랙터 등 농기구를 다뤄본 적 있는 사람이라면 일당은 서너 배로 치솟는다.

서울시뿐 아니라 각 지방자치단체들도 도시의 넘치는 유휴 인력을 농촌 인력으로 수급하는 일에 적극적으로 나서고 있다. 문제는 농사에 대한 지극히 비현실적인 로망과 시간당 비교적 높은 보수만 받으러 오는 무책임한 일손들이 많아, 정작 농장주들의 고민이 많다고 한다. 일손은 고작 하루나 반나절 동안 일할 뿐이지만,

부실한 일손으로 농부의 한해 농사를 망칠 수 있기 때문이다. 이런 관점에서 푸마시는 조금 더 준비된 일손으로 키워 농가에 보내는 곳이라고 보면 된다.

농사는 아무나 짓나

농사 경험 없이 막연한 로망만 가지고 나섰다가 도리어 농장주들에게 민폐만 끼치지 않을까 걱정된다고? 푸마시는 '근로 실습'이라는 사전 현장 테스트를 통해 일꾼의 태도나 체력, 일머리 같은 기본 소양이 농사일에 잘 맞는지를 엄격하게 확인하고 있다. 한 달전에 공지되는 근로 실습 날짜를 골라 지원하는데 내 경우에는 아침 8시에 청계산 자락에 있는 밭에 모여 간단한 설명을 듣고 2시간 동안 '대파 심기 작업'을 했다. 아침 일찍 시작하는 건 대부분 이른 시간에 작업하는 농가일의 특성상 시간을 엄수할 수 있는지를 체크하기 위한 것 같았다.

교육담당자가 작업 방법을 설명하면 잘 듣고 정해진 시간 동안 자신의 체력이 허락하는 한 성실하게 일하는 모습을 보이면 된다. 근로 실습에 참여하면 비로소 푸마시의 농가 일자리를 얻을 수 있는 자격이 부여되며 '실습비'라고 해서 2만 원 정도가 서울시로부터 입금된다. 근로 실습은 공지가 뜨자마자 거의 바로 마감돼버리

므로, 출퇴근형 또는 체류형 일자리에 대한 알림 신청을 받을 수 있
도록 카카오톡채널에서 푸마시를 추가 설정해두는 것도 방법이다.

실전! 주말 농부 되기

푸마시에 일자리 알림을 신청한 후 수시로 문자나 카카오톡으로
연락이 왔다. 처음이라 주말 동안 후딱 다녀올 수 있는 경기도권
의 일자리를 원했는데 한동안은 강원도 양구나 인제의 장기체류
형 일자리 제안만 들어왔다. 이런 체류형은 숙소도 제공하는데 성
별을 구분해 현지의 펜션 등을 빌려 숙식할 수 있도록 하므로 체류
환경도 좋은 편이라고 한다. 가능한 오랫동안 꾸준히 일할 수 있는
인력을 원하는 만큼, 만약 진학이나 이직 사이의 갭이어(Gap Year)
를 앞둔 사람이라면 체류형 일을 하고 목돈을 모아도 좋겠다.

마침내 경기도 여주에 출퇴근이 가능한 '고구마 수확단' 공고가
떴다. 어릴 때 할머니의 고구마밭에서 수확해본 경험이 있고, 대학
교 농활 때 종일 콩밭을 메며 밭농사 경험도 쌓았으니 무난하게 할
수 있는 종목이다 싶었다. 토요일 아침 7시에 시작하는 일정에 맞
춰 새벽 일찍 차를 몰고 출발했다. 차 뒷자리에는 며칠 전 온라인
쇼핑몰을 뒤져 구입한 위아래 일복과 모자, 장화, 수건, 생수 몇 병
을 실어두었다.

푸마시의 '농장 코디네이터'를 만나 출석체크를 하고 다른 사람들이 도착할 때까지 기다려 작업에 대한 간단한 설명을 들었다. 그날의 일은 농기계를 이용해 땅을 헤집어 그 안에 있던 고구마가 드러나면, 흙을 털어내고 크기별로 선별하여 담는 최종 수확 작업이었다. 밭이랑의 반대쪽 끝이 보이지 않을 정도로 거대한 규모였지만, 농장주는 베테랑 어머님들과 10여 명의 푸마시 일손이면 예상보다 빨리 끝낼 수 있을 거라며 독려했다.

호기롭게 고구마를 캐기 시작한 지 30분도 안 되어 허리 통증이 시작되고 다리도 저려왔다. 예상했던 힘듦이었다. 묵묵히 일하고 있는 주변 사람들을 봐서라도 포기하고 싶은 생각은 들지 않았다. 고구마로 가득한 수확 박스가 늘어날수록 성취감도 생기고 눈치껏 허리도 펴고 다리도 주무를 요령이 생겼다. 막연히 기대했던 새참은 특별할 게 없었다. 음료수와 빵, 초코파이 정도가 고작이었다. 점심 식사는 주변 식당의 배달 음식으로 해결할 수 있는데 이 경우 일당에서 점심값이 제외된다. 그러고 보니 몇몇 사람은 직접 싸온 도시락으로 점심을 해결하는 모습이었다.

농가 일자리의 가장 큰 장점은 낮은 스트레스다. 특히 사무직과 서비스직을 미치게 하는 감정 스트레스가 없었다. 인간관계랄 것도 없이 오직 흙과 농작물 그리고 내 체력과 싸우다 보면 어느새

한나절이 훌쩍 지나간다. 머릿속에 박혀 있던 딱딱한 고민들이 땀과 함께 씻겨나가고, 근육통은 남았으나 모처럼 밥값을 해낸 내 몸에 대해 기특한 마음이 생긴다.

혹시 도시를 떠나 귀촌을 꿈꾸고 있으나 낯설고 인적이 드문 농촌으로 간다는 것 자체가 두려운 사람이라면, 농촌형 일자리에 관심 많은 친구나 가족과 함께 경험해보는 것을 추천한다. 초보자라면 지인에게 부탁해 텃밭 등에서 일해 보는 게 좋은데, 초보 농부의 경우 대부분 비교적 난이도가 낮아 빨리 배울 수 있는 마늘밭이나 양파밭 농사에 배치되므로 이질감 없이 작업하는 데 도움이 될 것이다. 농사일도 요령이라 작업 내용을 잘 숙지한 후 꼼꼼하게 하는 것이 중요하다. 실제로 농장주들은 '한 번 더 손이 가지 않게 하는 사람'을 선호한다는 사실만 명심하자.

농촌 일자리 중개 사이트

푸마시(www.poomasy.com)

푸마시는 농촌 일자리에 지원하는 동기 및 의지가 확실한 구직자를 찾고, 사전 현장 테스트나 전문 코디네이터 투입으로 고용주와 일손 모두가 만족할 수 있는 환경을 만들려고 한다. 농사일이라고는 어릴 적 시골 할아버지 뒤를 쫓아다녀본 게 전부라면 푸마시를 권한다.

푸마시는 건강하고 신뢰할 수 있는 농촌 인력 보급 시스템을 만들려고 하는 플랫폼 기업으로, 단순히 농장과 일자리가 필요한 사람을 연결해주는 것에 그치지 않는다. 전문 교육을 이수한 농장 코디네이터가 실제로 후보 농장을 방문해 근무 환경과 필요한 일손을 파악하고, 작업 시작일과 마감일에 방문해 일손이 농장 현장에 적응하도록 도와준다. 마음이 급한 농장주와 서툰 일손 사이에 행여 발생할 수 있는 갈등을 중재하고 의사소통이 수월하도록 돕는 것은 물론 안전사고나 비상 상황에도 대처한다. 2박 3일 이상 하는 작업의 경우 교통비는 구직자, 숙소와 점심은 농장주가 부담한다. 점심을 제외한 식사는 일손이 직접 챙겨야 한다.

밴드(band.us/poomasy)에 가입하면 농장주가 올리는 일손 모집공고를 보고 직접 연락할 수도 있다. 푸마시 관계자에 따르면 포장이나 수확 같은 비교적 단순하고 쉬운 일 외에 행정, 사무, 회계, 홍보 등을 담당할 수 있는 '머리손' 인력에 대한 중개 및 연계로 영역을 확대할 예정이라고 한다.

도·농 인력중개 서비스 (www.agriwork.kr)

현재 지방자치단체 또는 농협중앙회가 중심이 되어 '농촌인력지원센터' 같은 인력중개 서비스를 제공하고 있다. 가장 큰 곳은 도·농 인력중개 서비스로 농림부 산하 농림수산식품교육문화정보원에서 제공한다. '일자리를 찾는 도시민과 일손이 부족한 농가를 연결한다'는 취지로 운영하며, 전국적으로 연간 2~4만 명의 인력을 중개할 정도로 이용이 활발하다. 지역과 작물, 경력, 연령을 체크하면 농가 요청 사항과 비교해 가능한 일자리를 소개해준다.

일당 외에 교통비(최대 7,000원)와 숙박비(1박당 2만 원)를 지원해준다. 도·농 인력중개 서비스에 회원가입한 후 구인공고를 확인해 일정 및 작업 성격이 맞는 작업에 고용을 신청하고 담당자와의 상담을 통해 근로 조건, 작업일, 장소, 작업 내용, 교통편 안내 등을 확인한다. 채용 여부가 확정되면 날짜에 맞춰 해당 농가로 가서 작업을 진행하고 임금을 수령한다. 교통비, 숙박비 영수증 등을 중개센터에 제출하면 정산해준다.

경기도 이천·포천, 전라북도 장수·부안·순천·곡성, 전라남도 함평·곡성, 경상남도 산청·하동·진주, 충청북도 충주·단양, 강원도 평창·홍천·춘천, 경상북도 영양·의성·봉화 등에서 일할 수 있다.

농촌희망 일자리지원센터

각 지방자치단체에서 별도의 사무실을 두고 운영하며 지역별 농업 특징을 고려해 차별화된 서비스를 제공하는 전문 지원센터다. 해당 지역 인근의 거주자라면 직접 전화 또는 방문을 통해 안내받을 수 있다. 전문 직업상담사가 상주하며 농촌 일자리 무료 중개, 교통비, 보험료, 안전용품 지급 등을 상담하고 안내해준다. 코로나19 이전에는 이력서 등 기본 서류 제출이 의무였으나, 현재는 전화 인터뷰로 대신하기도 한다. 재배 작물의 종류, 작업 내용, 기간, 임금 등을 문의하면 된다. 농업인안전보험 가입 금액을 전액 지원한다. 단기 구직자의 경우에는 밭작물, 과수 분야에서 일하게 될 가능성이 높다.

병풍 연기
전문 배우입니다만

보조출연자

$$$\$\$ ★★☆☆☆

예상 수입	건당 최소 68,720원+(9시간 미만 촬영의 경우)
장점	특별한 추억이 생긴다. 드라마나 영화 제작 과정을 경험하면서, 연예인 얼굴도 보고 운 좋으면 화면에 잡힐 수도 있다.
단점	마냥 늘어지는 대기 시간을 견뎌내야 한다. 촬영 현장은 전문 연기자들 위주로 진행되기에 보조연기자 입장에서 부당하다고 생각하는 일들이 종종 벌어진다. 스포트라이트 밖의 촬영장 환경은 생각보다 열악할 때가 많다. 순응하고 적응하는 태도가 중요하다.
지속가능성	전문 연예인과 마찬가지로 일거리가 안정적이지 않고 외부 요인에 따른 변동이 많다. 마냥 기다리고 공간을 채우는 게 고작인 일이라 회의가 들 수도 있다. 드라마나 영화 촬영 현장을 경험해보고 싶거나 추억을 쌓고 싶은 이들에게 추천하지만, 장기간 아르바이트나 전업으로 삼는 것에 대해서는 회의적이다.

여름방학 동안 한국에 와 있던 사촌동생이 재미 삼아 방송 단역 아르바이트를 해보겠다고 했다. 자신이 너무나 사랑하는 K-드라마의 제작 과정을 볼 수 있는 것은 물론 멀리서나마 연예인 얼굴도 한번 볼 수 있지 않겠냐며 미소를 보였다. 그리고 두 달 후, 방영된 드라마를 함께 보는데 클럽에서 여자 주인공 뒤에 있던 사촌동생이 꽤 비중 있게 화면에 잡히는 게 아닌가? 별 기대 없이 TV를 보고 있던 가족들은 모두 환호성을 질렀다. 그렇게 단역 아르바이트계에 데뷔해 한 달 동안 서울, 인천, 경북 문경 등지를 바삐 오가던 동생은 8회 정도 촬영에 참가하고 100만 원이 훌쩍 넘는 꽤 큰돈을 벌어 한국을 떠났다.

당시 사촌동생은 '이번 생에 다시 없을 캐스팅'이라 불리는 드라마 〈화랑〉의 보조출연자로 참가했는데, 경북 문경의 세트장에서 신라시대 의상을 입고 찍은 사진과 박서준, 박형식, 민호, 김태형(BTS 뷔) 등의 배우들과 분장 트레일러를 함께 쓰면서 우연히 이야기를 나눠보기도 했다는 이야기로 모두의 부러움을 샀다. 특히 말로만 듣던 '촬영장 밥차'의 음식을 직접 먹어봤으며 듣던대로 무척 맛있었다는 얘기에는 질투심마저 생길 정도였다.

사촌동생의 활약을 보며 단역 아르바이트에 대한 환상을 갖게 된 나는 함께 요리 수업을 듣던 언니들을 꼬드겼다. 마침 가을이라

날씨도 좋으니, 산 좋고 물 좋은 곳에 있는 사극 세트장에서 풍류를 즐기고, 연예인 구경도 하고, 출연료 받은 걸로 맛있는 향토 음식도 즐기고 오자는 나름대로 완벽한 계획을 거절할 이는 없었다. 의기투합 후 나는 사촌동생에게서 받아둔 당시 단역 아르바이트를 모집 관리하던 '반장님'께 전화를 걸었다. 결론부터 말하자면, 40대 중반인 내 나이를 말하는 순간 '입구 컷' 당했다.

트렌디한 드라마 출연을 바라는 것도 아니고 고작 사극에 등장하는 수십 수백 명 민초 중 한 사람이 되기를 바랐는데, 나이 제약 때문에 꿈조차 꿀 수 없다니! 반장님 말씀에 따르면 보조출연 시장에서 가장 환영받는 연령대는 20~30대 초반이라고 한다. 대부분의 촬영장에서 수요가 높고 머리 굵은 중장년들보다 현장 통제가 비교적 쉽기 때문이라나. 사극의 경우 극 중에서 좀 더 나이든 역할이 필요하다고 하면, 30대 보조출연자의 얼굴에 주름을 그려 넣고 백발로 염색하는 분장을 통해 얼마든지 변신시킬 수 있기 때문이라고도 설명해주셨다.

결론적으로 40대 이상이면 드라마나 영화 등의 배역은 한정적이라 일거리가 거의 없고 그나마 가능한 것은 방청 아르바이트 정도다. 전공이 신문방송학이라 대학시절 가끔 동기들과 방청 아르바이트를 하곤 했던 내 경험을 돌이켜보건대, 방청 아르바이트는 앉아서 박수를 치거나 환호만 하면 되니 어려울 건 없다. 하지만 녹화 시간이 예상 외로 길고 그에 비해 수고료가 짜다. 주머니 속이 마냥 가난했던 대학생 때도 방청 아르바이트는 그리 선호하는 아르바이트가 아니었다. 결국 가슴속 깊숙이 간직했던 '메소드 병풍 연기자'의 꿈은 그렇게 다시 넣어두어야 했다. 하지만 이 책을 읽는 20~30대 독자라면 한번쯤 경험해볼 가치가 있는 색다른 일자리로 추천한다. 촬영 환경을 이해하고 나면 같은 드라마나 영화 장면도 새로운 시선으로 보고 즐길 수 있기 때문이다.

보조출연자로 하루살이

드라마 촬영은 대부분 경기도나 외곽에 위치한 세트장이나 사극 촬영장에서 이뤄지므로 버스로 이동한다. 이 버스들이 모이는 곳이 여의도역 부근이다. 새벽에 여의도역을 지나다보면 여러 대의 버스들이 줄지어 서 있는 것을 보게 되는데 그곳에서 담당 반장님을 만나 자신의 신상명세를 기록한 일지를 제출하고 지정된 버스에 탄다. 이후에는 인솔자의 지시만 따르면 된다.

버스 안에서는 아직 방송 전 드라마나 개봉 전 영화 촬영이니만큼 보안 유지에 대한 당부가 이어진다. 원칙적으로 촬영장에서 핸드폰 등을 이용한 개인 촬영은 금지이며 배우나 출연자에게 개인적으로 말을 걸거나 사인 및 사진 촬영을 요청하는 일도 절대 금물이다.

촬영장에 도착하는 순간부터 단역 아르바이트에게 요구되는 최고 역량은 바로 '얼마나 오래 잘 기다릴 수 있느냐'다. 같은 장면도 여러 앵글로 담아야 하는 만큼 한 컷 찍는 데도 예상보다 오랜 시간이 소요된다. 또한 촬영의 대부분이 주연배우 위주로 배정되다 보니 보조출연자 위주의 장면은 뒤로 밀리기 마련이다. 그러다 보니 무작정 기다리기가 전체 아르바이트 시간의 90퍼센트 이상을 차지한다.

전도유망한 보조출연자라면 그 시간을 어떻게 활용하는가가 중요하다. 아무 대비 없이 사극 촬영에 나섰다가 변변한 휴식 시설 하나 없는 세트장에서 하루를 보내고 온 사촌동생은 다음번 촬영에 핸드폰 보조배터리, 에어 방석, 휴대용 선풍기, 대기 시간 동안 읽을 책을 잔뜩 챙겨갔다. 실제로 베테랑 보조출연자들을 모객하는 블로그에는 뜨개질 같은 소일거리, 여행용 목베개, 여름에는 소형 아이스박스, 겨울에는 핫팩이나 충전식 온열 방석 등을 챙겨가라는 조언이 심심찮게 등장한다.

방송 촬영장 환경이라는 게 실제로 보면 상당히 열악하고 힘들다. 따라서 한여름이나 겨울을 피해 비교적 좋은 계절에 가끔 하는 것이 좋다. 개인적으로는 사극을 추천한다. 일당이 높고 세트장이나 주변이 아름답고 밥차를 먹을 수 있는 확률이 높기 때문이다.

단역 아르바이트의 품격

단역 아르바이트에게는 따로 의상이 주어지지 않으므로 배역에 맞게 직접 의상을 준비해야 한다. 보조출연 아르바이트를 하던 사촌동생을 위해 기꺼이 스타일리스트를 자처했던 나의 경험상 가장 요청이 많은 룩은 '세미 정장'이었다. 재킷과 스커트 또는 재킷과 팬츠를 매칭하는 회사원들의 출근룩으로 이해하면 된다. 다음으로 많은 것이 '데이트룩', '클럽룩' 같은 의상이었고 한강 인근에서의 촬영이라면 '러닝복'을, 서울 근교 산에서 진행하는 촬영이라면 '등산복' 같은 생활 패션을 준비해야 했다.

전통극 촬영의 경우에 의상은 제작사측에서 제공하므로 몸만 가면 된다. 주의할 점은 '헤어스타일 및 손발톱 규정'에 따라 검은색이 아닌 튀는 헤어 컬러나 네일 컬러링은 미리 바꾸거나 지우고 가야 한다(브라운 컬러 정도로 약간 밝은 머리색은 현장 분장사분들이 흑채 등으로 가려주기도 한다).

촬영용 복장의 특징 중 하나는 사전제작이 많은 드라마나 영화의 특성상 극 중에 설정된 계절에 맞춰 의상을 준비할 때도 있다는 것이다. 한여름에 패딩 점퍼를 챙겨 와서 입으라고 하거나, 영하 20도의 한겨울에 하늘거리는 봄 정장을 입고 아무렇지 않은 척 걸어 다녀야 하는 상황들이 생길 수도 있다.

또한 사극 촬영의 경우에 자신이 어떤 의상을 입을지는 현지에서 즉석으로 정해지는 경우가 많다. 겨울의 경우 방한복이 따로 지급되지 않으므로 한복 안에 껴입을 내복이나 방한용 레깅스를 준비해 티 나지 않게 입는 센스가 필요하다. 전쟁 장면에서 옷 위에 껴입는 갑옷의 경우 피부에 닿았을 때 쓸리거나 아플 수 있는데, 베테랑 보조 연기자들은 붕대나 천을 몸에 감아서 상처가 생기는 걸 예방한다고 한다.

사극의 경우에는 촬영장 부근에 장기간 숙소를 대여하고 숙식하며 출연하는 베테랑 보조 연기자들이 많다. 제작진들도 수시로 부를 수 있고 야간 및 심야 촬영도 가능한 이들을 선호하는 경우가 많다. 여름방학을 맞은 대학생이나 복학을 준비하는 예비역 중에는 이렇게 촬영장 주변에서 숙식하며, 웬만한 직장인 월급에 해당하는 300만 원 이상의 목돈을 마련하는 경우도 있다고 한다.

어떻게 하면 보조출연자가 될 수 있나요

알바몬, 알바천국 같은 아르바이트 전문 사이트에서 '보조출연'

'단역' '엑스트라' 등의 키워드를 치면 쉽게 검색 가능하다. 하지만 보조출연 회사들이 워낙 많고 예전에 여성 보조출연자에게 일어났던 불미스러운 성폭행 사건도 있고 해서, 가능하면 현재 보조출연 아르바이트를 하고 있는 주변인을 통해 믿을 수 있는 단역배우 전문 회사를 소개받는 방법을 추천한다. 담당자와 전화 연락한 후 미팅을 잡고 사무실을 방문해 간단한 프로필을 제출하고 계약서를 작성한다. 카메라 테스트나 오디션을 보는지 궁금해하는 사람들이 많던데 그런 경우는 거의 없다.

촬영이 잡히면 담당자가 메신저나 문자로 촬영 일시/장소/모집 배역 특징(성별, 나이, 직업)/복장 가이드 등에 대한 상세 안내서를 띄운다. 예를 들어 '클럽신 촬영이며, 춤추는 동작이 가능한 20대 여성 출연자를 찾는다'는 모집공고를 보고 자신이 가능한 일정이라면 망설임 없이 출연 가능하다는 문자를 보내야 한다. 지방이 아닌 시내 촬영에 분장이 특별히 필요 없는 현대물이라면 누구나 탐내는 '작품'이라 경쟁이 치열해진다. 최종 캐스팅된 보조출연자는 '원피스나 쇼츠 등 클럽 의상을 갖추고 몇 시까지 어느 장소로 오라'는 문자 메시지를 받게 된다.

모집공고는 대개 촬영 2~3일 전에 뜨는데, 전날이나 당일 급하게 와달라고 하는 경우도 많다. 하지만 막상 촬영 1시간 전에 촬영이 연기되거나 취소되었다는 연락을 받는 일도 많고, 촬영장 사정에 따라 하염없이 기다려야 하는 때도 생긴다. 최근에 많이 개선되었다고는 하나 대기 시간을 일한 시간에서 제외시키거나, 규정 시간인 9시간을 넘겼는 데도 초과수당을 지급하지 않거나 하는 경우들이 종종 발생한다고 한다. 계약 시 해당 규정들을 잘 확인하고, 약속이 지켜지지 않는 경우에는 과감히 현장을 벗어나라는 것이 베테랑 보조 연기자들의 조언이다. 단역 아르바이트 관련 규정 및 대우에 관한 약속을 성실하게 지키는 곳도 많다.

그래서 제 출연료는요?

서울·경기권에서 진행되는 9시간 미만의 촬영은 68,720원(쉬는 시간 1시간을 포함한 8시간에 해당하는 최저시급, 2020년 기준)을 받는다. 밥차나 간식 배급이 따로 없는 경우에는 각자 식사를 하고 출연료 외에 식대로 6,000~7,000원 정도가 추가된다. 이쯤 되면 온전히 하루를 투자해야 하는 일인데 겨우 7만 원 정도면 보수가 적은 게 아닐까 생각할 수도 있다.

하지만 일단 촬영장에 도착하고 나면, 당일 촬영이 취소되거나 촬영이 1시간 만에 끝나도 약속한 금액을 받을 수 있다. 또한 촬영 시간이 9시간을 넘게 되면 그때부터는 최저시급의 1.5배를 주며 밤 10시부터 다음 날 아침 6시까지는 2배로 올라간다. 대부분의 촬영은 오버타임이 되는 경우가 많아서 대개 하루를 비우면 10만 원 정도의 돈은 손에 쥘 수 있다고 보면 된다. 또한 지방 촬영 시에는 버스로 이동하는 시간은 제외되지만 지역지원금이라는 명목으로 받을 수 있는 약간의 돈이 추가되는데, 이동시간당 1만 원 정도로 보면 된다. 식대와 심야교통비를 따로 지급하는 업체도 있으니 계약 전 미리 알아보자. 입금은 당일 지급하는 경우도 있지만 대부분 일주일 단위로 세금(3.3퍼센트)을 제외하고 입금된다.

사냥법 03

일상 도우미

스트레스 없이 재미있기만 한 일을 이기기는 힘들다.

소소한 돈벌이를 위해 하는 일 중 내가 가장 좋아하는 분야가
이 장에서 소개할 일들이다. 내가 아닌 다른 사람의 일상이 편
리하고 편안하도록 돕는 일. 열심히 일하는 슈퍼맘들을 대신
해 아이들을 안전하게 이끌어주고 보호해주는 맘시터, 출장
이나 여행 등으로 남겨진 동물들을 사랑으로 돌봐주는 펫시
터, 바쁜 이웃을 대신해 공동주택 시설을 개선하고 갈등을 풀
어내는 동대표 등은 비록 돈을 받고 일하지만 봉사의 개념이
짙게 배어 있어서 단순히 돈 이상의 대가를 얻는 기분이다.

　내가 책임감을 기꺼이 받아들이고 그 안에서 보람을 추구
하는 사람이라는 걸 이 일들을 하면서 확실히 알게 됐다. 고양
이 펫시터의 경우 고객의 집에 가서 30분간 돌본 후 버는 순
수익은 1만 원(주말 및 공휴일은 1만 4,000원)이다. 하지만 왕복
이동 시간을 생각하면 가까운 곳이라고 해도 기본 2시간을
들여야 하는데, 그러면 시간당 겨우 5,000원 정도를 번 셈이
다. 노력 대비 수익을 따진다면 결코 만족할 수 없는 벌이이고
열심히 하기 어려운 것이 맞다.

하지만 실제 고양이 집사이자 펫시터로서의 나는 어쩔 수 없이 집을 비워야했던 보호자의 불안한 마음을 헤아려 완벽한 돌봄 서비스를 제공하기 위해 최선을 다한다. 맘시터도 마찬가지여서 직장에서 무수히 봐온 대한민국의 일하는 엄마들을 대신해 아이의 일상을 안전하게 지키고 보호하는 임무를 잘 끝내고 나면 보람과 뿌듯함이 동시에 밀려온다. 아파트 동 대표도 이웃들의 크고 작은 불만들을 듣고 골치 아픈 안건들 일색인 회의에 참석하는 데 대한 대가가 불과 5만 원이라는 사실을 알고 나면 막상 하겠다고 나설 사람이 별로 없을 거다. 하지만 내 마을의 고민과 갈등을 그냥 두고만 보지 않고 여럿이 뭉쳐 해결법을 찾아내는 시민정치의 순간은 생각보다 큰 환희를 선사한다. 새삼 내 혈관 속에 정치 DNA가 있었던 것은 아닐까 생각이 들 정도다.

남의 일상을 돕는 일은 누구나 할 수 있지만 의외로 처음 시작할 때 생각보다 많은 용기가 필요하다. 내가 믿을 만한 사람이라는 것을 증명받기 위해서 그만큼 나를 있는 그대로 노출시켜야 하고, 전문성과 신뢰를 확보하기 위해 갖춰야 할 소양이나 교육 과정도 거쳐야 한다. 가끔은 고객이나 유권자의 선택을 받기 위해 자존심을 잠시 내려놓고 어필해야 하는 상황도 발생한다. 불편하게 느껴질 수도 있는 이 상황이 아무렇지 않으려면 내가 좋아하고 적성에 맞는 일이어야 한다. 돈이나 단순 호기심보다는 책임감과 애정을 가진 이들이라면 이미 이 세계에 발을 들여놓은 업계 동료로서 기꺼이 환영하는 바다.

동네 등하교 도우미가 되어 드립니다

맘시터

$$$$$ ★★☆☆☆

예상 수입	등하교 도우미의 경우 시간당 1만~1만 2,000원. 1회당 최소 2시간 이상 기준이며, 3일 이상 연속하는 경우가 많다.
장점	동네에서, 비는 시간에 일할 수 있다. 크게 몸 쓸 일도 없고 특별한 결격사유가 없다면 누구나 할 수 있다.
단점	까다로운 등록 절차 및 엄마들을 상대해야 한다는 것. 역시 남의 집 엄마는 우리 엄마보다 백배 더 어렵다.
지속가능성	동네를 벗어나지 않고 아이와 잠시 시간을 보내는 일로 돈까지 버니 즐겁다. 무엇보다 대한민국의 일하는 엄마들에게 도움이 된다는 보람이 크다.

"이모는 우리 엄마랑 친구예요?"

"아니, 그냥 아는 사이."

"어…. 근데… 엄마가 오늘… 음…. 엄마 친구가… 학원 데려다 준댔는데?"

"그렇네. ○○ 말이 맞아. 지난번에 이모랑 ○○네 집에서 봤지? 그날부터 엄마랑 이모랑 친구되기로 했어."

자신의 지적이 맞았다고 인정해주자 이내 아이의 얼굴이 환해진다. 교문에서 아이가 다니는 학원까지는 어른 걸음으로 15분 정도지만, 아이의 속도에 맞추다 보면 그리고 중간에 빵집이나 편의점에 들러 간식까지 사 먹이고 나면 거의 2배 시간이 소요된다. 그 사이 8살짜리로부터 받는 질문의 양은 거짓말 조금 보태서 평균 189개 정도. 땅에 떨어진 나뭇잎의 종류를 묻는 것부터 우산대 숫자는 왜 저마다 다르냐는 과학적인 질문에, 할머니는 어디에 가셨냐는 가족만 알 수 있는 프라이빗한 질문까지 장황하고 다양한 것들이다. 에디터 시절 수천 건의 인터뷰를 진행하고, 한창 때 100회 이상의 소개팅을 소화해본 경험상, 이렇게 맥락 없는 질문 던지기는 인터뷰이를 피곤하게 한다. 이럴 때 나만의 노하우는 가능한 짧게 대답하고 그 질문을 다시 되돌려주는 것.

"우산의 크기에 따라 다른 거 아닐까? ○○는 우산대 숫자가 왜다 다르다고 생각해?"

"음… 아… 그건….."

　잠시 후 들른 편의점에서 한참을 고민해 고른 두 가지 간식을 손에 쥐고 한쪽씩 번갈아 보다가 나를 올려다보는 아이의 얼굴은 내 동정심에 호소하고 있다. 두 개 다 사면 안 되냐는 눈빛이다. 나는 자비심이라고는 1도 없는 표정으로 "이것만!"을 짧게 외치고는 계산대로 향한다. 등 뒤로 터벅터벅 걸음을 옮기는 아이의 실망감이 느껴지지만, 그 분위기가 그리 오래가지는 않는다. 가게 안에서 아이가 간식을 먹는 동안 내내 주머니에 들어 있던 핸드폰을 꺼내 '나의 친구' ○○이 어머께 문자를 보낸다. 학교 앞에서 잘 픽업했고 편의점에서 간식을 먹는 중이라는 내용이다. 아이에게도 엄마에게 연락했다는 사실을 알려준다. 마침내 학원 문안으로 아이를 들여보낸 후 아이의 학교 가방을 받아 들고 근처 카페로 간다.

　수업이 끝나는 45분 후로 알람을 설정하고 나면, 학원 수업이 끝날 때까지의 이 시간은 온전한 나의 시간. 비슷한 처지의 다른 엄마 또는 맘시터들과 모처럼의 자유를 만끽한다. 한 번은 카페 옆자리에 앉아 있던 여자가 핸드폰 충전용 코드를 빌려줄 수 있는지를 물어왔고 자연스럽게 대화를 하게 됐다. 휴학 중인 그녀는 인력 서비스를 제공하는 숨고(www.soomgo.com)를 통해 아르바이트로 하원 도우미 자리를 찾았다고 했다. 들어보니 숨고는 특별한 제약이나 교육 수료 의무가 없으므로 단기 일자리를 찾는 대학생들 사이에서 꽤 인기가 높다고 했다.

50분이 훌쩍 지나고 미리 설정해놓은 알람이 울렸다. 학원 입구에서 1시간 전보다 한층 친근해진 아이와 재회의 기쁨을 나누고 아이의 집으로 향한다. 친할머니가 반색하며 열어주신 문안으로 들어가기 전에 아이가 묻는다.

"이모랑 내일도 만나요?"

마지막 질문이지만 나는 경계를 늦추지 않고 되묻는다.

"○○는 이모랑 내일도 만나고 싶어?"

"네!"

"그래, 그럼 내일 보자."

우리 동네 가정 수호자, 맘시터

내가 살고 있는 아파트 게시판에는 가끔 '8살 여아, 하교 후 봐주실 분 구합니다'라는 내용의 게시물이 붙는다. 몇 줄 안 되는 글에서 늘 엄마의 다급함이 느껴졌고, 옛 직장 동료들이 급히 아이 봐줄 사람이 없어서 패닉하곤 했던 장면이 떠오르면, 저 게시물 속 그 아이를 내가 잠시 돌봐주는 건 어떨까 생각했다. 하지만 애써 마음을 눌렀다. 옛말에 아이 봐주는 건 공이 없다고 하지 않았던가. 그리고 하루 이틀은 모르지만 1인 기업을 꾸려가는 일의 특성상 언제 바빠질지 모르니 꾸준히 맡을 수 없을 것 같아 마음을 접었다.

'맘시터'라는 모바일앱 기반의 아이돌봄 서비스가 있다는 걸 알려준 건 프리랜서로 잠시 일하던 회사의 막내 사원이었다. 대학생 때 그리고 취업 전에 시간이 날 때마다 베이비시터로 일했는데, 조카나 막냇동생 돌보는 정도의 일 치고는 벌이가 매우 쏠쏠했다고 했다. 마침 드라마 〈하이바이, 마마!〉에서 여주인공 김태희가 등하원 도우미 일을 했는데, 유치원을 마친 아이를 픽업해서 집에 데려다주고 간편한 간식을 챙겨준 후 엄마가 올 때까지 아이와 놀아주면 되는 꽤 간단한 일이었다. 꾸준히 하는 일도 아니고 내 일정에 따라 하루만 해도 된다고 하니 나는 아마추어 베이비시터가 되어보기로 했다.

맘시터 모바일앱을 통해서 가입하고 필요한 정보를 넣은 후, 게시판에서 우리 동네에 사는 8살짜리 어린이를 하교 시간에 맞춰 픽업해 인근의 학원까지 데려다주고 수업이 마치면 집에 바래다주는 일을 찾았다. 아니, 골랐다라고 보는 게 맞겠다. 지역의 지리를 잘 알고, 조카들의 등하원 및 돌봄을 책임졌던 소박한 이력도 있으며, 나름 굴지의 언론사에서 일한 경력을 살려 아이와 꽤 수준 있는 대화를 나눌 수 있을 거라고 어필했다. 곧바로 면접 요청 연락이 왔고 엄마의 퇴근 시간에 맞춰 집 주변의 카페에서 만나기로 했다. 아이를 돌봐주시는 친정어머니께서 친구분들과 여행을 가시는 동안만 하교하는 아이를 픽업해서 학원에 들렀다가 집에 데려다주는 일이었다. 예상 소요시간은 1일당 3시간이고, 다가오는 주에 5일(총 예상 수입 15만 원)을 일하기로 했다. 면접 분위기는 좋았고 알고 보니 같은 아파트 주민이었다는 사실이 주효했는지 헤어지자마자 채용 문자를 받았다.

맘시터, 쉽지만 묵직한 책임

맘시터는 워킹맘이었던 창업자가 만든 플랫폼 서비스로 아이를 돌봐줄 사람이 필요한 부모와 베이비시터를 연결해준다. 동네에서, 원하는 시간대에, 비교적 난이도가 낮은 돌봄 서비스만 선택해 지원해도 시간당 1만 원 이상의 벌이를 보장한다. '이모넷', '단디헬퍼' 등 1세대 베이비시터 플랫폼들이 40대 이상의 나이 지긋하신 이모님들을 소개하는 웹 기반 서비스였다면, '맘시터', '째깍악어' 등의 요즘 돌봄 서비스는 아이돌보미 중 절반이 대학생일 정도로 일하는 이들의 나이가 젊다.

베이비시터 플랫폼은 꽤 폭넓은 돌봄 서비스를 제공한다. 간식

챙겨주기, 등하원 도우미, 학원이동 도우미 등 단순한 챙김 서비스부터 놀이 선생님, 예체능 교육 선생님 등 자격증이나 특기가 요구되는 일대일 교육 서비스도 제공한다. 2시간 이상이면 언제든 부모의 필요에 따라 유동적으로 부를 수 있고, 기본 돌봄 서비스의 경우 법에서 정한 시간당 최저임금을 기준으로 하지만 도움이 필요한 어머니의 간절함에 따라 금액이 달라진다. 몇 달간 지켜본 결과 시간당 평균 1만 원 이상으로 책정되더라.

교육 관련 자격증을 보유하고 있거나 전직 유치원이나 어린이집 선생님 경력이 있다면 어벤져스급 대우를 받지만, 개인적으로 조카나 늦둥이 동생을 돌본 경험도 충분히 내세울 이력이 된다. 무엇보다 마음에 들었던 건 있어서는 안 되지만 행여 발생할 수 있는 사고들에 대비해서 플랫폼 차원의 보험으로 보장해준다는 사실이었다.

베이비시터가 되기로 마음먹었다면, 자신이 믿을 만한 사람이라는 사실을 객관적·주관적으로 증명하는 절차를 거친다. 이 부분이 가장 난이도가 있지만 믿을 수 있는 사람에게 아이를 맡기고 싶은 부모의 마음을 헤아려서 진지하고 성실하게 임하는 게 중요하다. 모바일앱의 신청 메뉴를 통해 지원할 때는 먼저 핸드폰 번호를 통해 본인 확인을 하고 필요에 따라 학력증명서, (보건소에서 뗀) 건강진단서 등을 제출해야 한다. 자기소개 글은 채용에 결정적인 역할을 하므로 신경 써서 작성한다. 부모의 입장에서 신뢰를 가질 수 있는 경력이나 이력, 성격상의 장점을 글의 앞부분에 놓는 '두괄식' 구성을 권한다. 아이돌보미 회사의 요청에 의해 면접을 보거나 인성검사를 받아야 할 때도 있다. 최근에는 플랫폼에서 제공하는 교육을 의무적으로 받아야 하는 곳도 생겼는데, 아이와의 커뮤니케이션법이나 간단한 놀이 등 돌봄 기술을 가르쳐주는 것이어서 꽤 유용하다.

베이비시터 등록을 완료하면 일자리를 찾아나서야 한다. 방법은 두 가지다. 베이비시터 프로필을 올려놓으면 엄마들이 면접을 신청하기도 하고, 아니면 내가 고용인이 게시판에 올려놓은 신청서를 보고 선택할 수도 있다. 베테랑 시터가 아니라면, 대체로 두 번째 방법으로 일을 찾을 확률이 높다.

등하원 도우미의 경우, 퇴근 시간이 불규칙한 부모를 대신하게 되는데 아이의 하원 안전을 책임지고 집이나 학원으로의 동선을 매끄럽게 연결해주기만 하면 되어서 비교적 간단한 일이다. 부모 면접 시 주로 요청받는 사항은 대개 시간을 잘 지키고 아이를 돌보는 동안 핸드폰 사용을 자제할 것 등이다. 비용은 베이비시터 플랫폼을 통해 주 단위로 정해진 요일에 입금된다. 중간에 아이의 간식을 챙겨달라고 하면 영수증으로 정산 받으면 된다. 초보 베이비시터가 가장 신경 써야 할 일은 좋은 후기 받기. 구체적이고 긍정적인 후기를 많이 받을수록, 동네 워킹맘들이 앞다퉈 찾는 주옥같은 아이돌보미로 등극할 수 있다.

두드려볼 만한 베이비시터 모바일앱

맘시터[www.mom-sitter.com]

2017년에 시작한 모바일 기반의 베이비시터 플랫폼으로 약 20만 명의 부모 회원과 10만 명의 돌봄 회원을 보유하고 있어서 일 찾기가 쉬운 편이다. 모바일앱(맘시터)을 통해서도 지원 가능하며, 학력증명서 및 건강진단서를 제출해야 한다. 보수는 법정 최저시급에서 시작하지만 대개 1시간당 1만 원 내외로 책정되며, 후기가 좋을수록 좀 더 높게 받을 수 있다.

째깍악어[www.tictoccroc.com]

2019년에 시작해 맘시터보다 프리미엄 서비스를 제공하는 것을 내세우고 있다. 단순 돌봄보다는 놀이, 배움까지 '선생님'을 매칭하고 있어서 시급도 1만 1,000~2만 3,000원까지 높은 편이다. 자격증 보유자 및 관련 전공자를 선호하며 인적성검사, 책임 보증금, 돌봄 교육, 동영상 프로필 촬영, 상황극을 통한 모의돌봄 테스트 면접까지 거쳐 까다롭게 선발한다. 교육 프로그램을 수료하면 돌봄활동증명서, 아동돌봄지도사(민간자격증) 등을 발급한다. 배상책임보험 가입 및 중재 서비스도 제공한다.

우리동네 돌봄히어로[www.woorihero.com]

등하원 서비스만 이용할 수도 있지만, 하원 후 보호자가 집으로 돌아올 때까지 아이들과 시간을 보내는 '놀이 돌봄' 서비스를 기본으로 하여 인기 급상승 중인 돌봄 스타트업 회사다. 홈페이지를 통해 지원한 후 주민등록등본, 건강진단서 등을 제출하고, 6시간짜리 '선생님 커리큘럼(교육비 3만 원 본인 부담)'을 수료해야 한다. 현재는 서울 내에서만 서비스를 제공하며, 지원자는 자신의 거주지를 중심으로 희망하는 3개 구를 선택하여 돌봄 서비스를 할 수 있다. 이용요금은 정기 돌봄과 비정기 돌봄으로 나뉘며, 비교적 이용객이 많은 정기 돌봄의 경우 아이 한 명 기준으로 주간 1시간당 1만 3,000원, 야간 2만 원으로 책정된다. 등원 서비스의 경우 기본 2시간, 하원 서비스는 기본 3시간으로 책정되므로 하원 서비스 1회 제공만으로도 3만 원이 넘는 수입을 올릴 수 있다.

고양이를
부탁해주세요

펫시터

$$$$$ ★★☆☆☆

예상 수입	일주일에 3만 원+(일주일에 30분씩 3회 방문 돌봄 기준)
장점	고양이나 강아지를 길러본 사람이라면 특별히 어려울 일이 없다. 가능한 시간대를 선택할 수 있으며 비교적 자유로운 분위기에서 매우 기본적인 동물 돌봄 서비스만 책임감 있게 완수하면 된다.
단점	산책 중 또는 아픈 동물을 돌보다가 만일의 하나 사고가 발생할 수 있다. 아직까지 펫시터를 위한 전용 보험제도는 없으므로, 본인 과실로 인한 사고 책임은 본인이 져야 한다.
지속가능성	코로나9로 인해 주춤하기는 했지만, 지난해의 경우 펫시터 예약을 소화하지 못할 정도로 성황이었다고 한다. 반려동물을 키우는 인구는 점점 늘어나고 있고 1인 가구도 덩달아 늘어나는 상황이기 때문에 펫시터 시장의 미래는 밝다.

코로나19 이전까지만 해도 자유롭게 국내외 여행을 즐겼던 내게 는 '16살 반려묘를 돌봐줄 집사일을 누구에게 부탁할 것인가'라는 고민이 늘 있었다. 환경이 바뀌면 극심한 스트레스를 받는 고양이 의 특성상 남의 집에 맡기는 것은 불가능하다 보니, 믿을 만한 지 인이 틈틈이 집에 와서 물과 사료를 챙기고 화장실을 청소해줘야 했다. 여행이 길어지면 순번을 정해 두세 명의 임시 고양이 집사들 을 섭외해야 했고, 여행에서 돌아올 때는 감사의 뜻으로 선물을 한 가득 안겨주었다. 하지만 고양이를 좋아하는 지인들은 생업으로 바빠서 매번 부탁하기 힘들었고, 어쩔 수 없이 초보 집사들에게 맡 긴 후 여행에서 돌아오면 고양이 컨디션이 별로여도 이유조차 물 어볼 수 없었다.

"펫시터를 써보면 어때요?" 여행을 앞두고 고양이 맡길 일이 걱 정이라는 내게 절친한 필라테스 강사가 펫시터 서비스를 추천했 다. 역시나 고양이를 좋아하는 그녀의 친구가 출장 갈 때 종종 이 용하는데 매우 만족도가 높다는 것이다.

펫시터, 나도 할 수 있을까?

펫시터(Pet Sitter)란 나처럼 여행이나 출장, 개인 사정 등으로 반려 묘나 반려견을 돌볼 수 없는 사람들을 위해 방문·산책 등의 케어

서비스를 제공하는 사람을 칭한다(펫시터가 자신의 집에서 동물을 돌보는 '위탁 케어'는 코로나19로 인해 잠시 중단된 상태다). 내가 추천받은 곳은 방문 펫시터 서비스를 제공하는 '도그메이트'였다. 간단한 교육 과정만 수료하면 내가 원하는 날에 내가 돌볼 수 있는 수준의 동물을 선택할 수 있다니 별로 어렵지 않아 보였다. 특히 돌봄 수요가 많은 주말만 선택해 일할 수도 있어 직장인에게도 강력 추천하는 바다.

모바일앱에 접속하고 회원가입과 동시에 온라인 지원서를 제출했다. 지원 시 개, 고양이 그리고 개와 고양이 모두를 돌볼 수 있는지를 선택한다. 간단한 인적정보와 동물을 기른 경험을 묻는 객관식 문항에 대답하고 나니, 의외로 주관식 문항이 등장했다. 동물을 기르다 보면 맞닥뜨릴 수 있는 전형적인 상황에 대한 대처법을 묻는 질문들이었는데, 이 문항이 지원자가 돌봄 서비스에 적합한 사람인지 아닌지를 판별하는 중요한 요소겠다는 생각이 들었다. 동물을 키워본 경험이 없으나 그저 동물을 좋아한다는 지극히 가벼운 마음으로 지원한 사람들을 걸러내기 위해서 군이 번거롭지만 주관식 문항들을 넣은 것이 틀림없었다. 이 질문 하나 때문에 잠재적 고객인 나부터 '도그메이트'라는 회사와 그들의 서비스에 대한 신뢰감을 가질 수 있었다.

온라인 지원서를 제출하고 이틀 후, 도그메이트 본사에서 진행되는 대면 인터뷰를 하러 오라는 연락을 받았다. 인터뷰 내용은 동물(내 경우에는 고양이)을 키워본 경험, 어린 고양이나 노령묘를 돌봐본 경험, 지금 하고 있는 일과 라이프스타일 등에 대한 질문이라 어려울 게 없었다. 인터뷰 말미에 신분증을 제출하면, 그 자리에서 (지원서 제출 당시 동의한 대로) 개인정보 및 범죄 사실과 관련한 나의 신상 기록을 검색한다. 방문 돌봄의 경우 다른 사람의 집을 드나들어야 하니 신원 확인은 당연한 절차로 받아들여야 한다.

'도그메이트'가 펫시터 시장에서 급격하게 성장할 수 있었던 요인은 방문 돌봄 또는 산책 돌봄 중에 발생할 수 있는 불의의 사고나 오해로부터 펫시터를 보호하기 위해서 '액션캠'이라고 불리는 동영상 촬영용 비디오카메라를 제공하기 때문이다. 현관문을 열기 전 촬영을 시작해 돌봄 시작부터 종료까지 모든 내용이 녹화되므로 고용주나 펫시터가 모두 믿고 안심할 수 있다.

인터뷰 당일 저녁, 대면 인터뷰 합격 통보와 함께 본사에서 진행하는 4시간짜리 교육 일정을 통보받았다. 펫시터로서 필요한 소양 및 케어 상식, 서비스 매뉴얼 교육으로 구성된 이 과정을 이수해야만 누구나 믿고 부를 수 있는 펫시터가 되며 이때부터 '매니저' 호칭으로 불리게 된다.

교육은 방문 시 제공해야 하는 서비스 매뉴얼 전달, 예약 확인부터 정산까지 모든 것이 가능한 펫시터 전용 앱 설치, 액션캠 촬영 및 파일 전송법, 강아지와 고양이를 돌보는 데 필요한 기본적인 소양 교육, 방문 케어 및 고객 응대 시의 매너 교육 등으로 구성되어 있다. 교육 후 돌봄에 필요한 용품을 나눠주었는데, 집으로 돌아와 반려묘에게 반응을 시험해본 결과 효과 만점이었다. 교육 당일에는 액션캠 및 기타 용품에 대한 '예치금' 명목으로 15만 원을 지불해야 하는데, 이 금액은 펫시터 활동을 종료하고 싶을 때 용품을 반납하면 100퍼센트 돌려받을 수 있다.

실전! 고양이 펫시터

"매니저님, 예약이 접수되었습니다." 카카오톡 알림이 도착했다. 매니저가 된 지 사흘 후 이웃 동네에서 코숏(코리안 숏헤어) 두 마리의 방문 돌봄 서비스 요청이 왔다. 수락을 누르고 방문 가능 시간을 선택한 후 약 5분간 기다리자, 마침내 예약이 확정되었다는 알림이 떴다. 돌봄 전에 녹화를 위한 액션캠 배터리를 충전하고 교육 때 받은 소독약, 물수건 등을 챙겨 약속 시간 10분 전에 고객 집 앞에 도착했다. 서비스 제공 시간 2분 전, 가슴 앞쪽에 착용한 액션캠을 켜서 녹화를 시작하는데 이때 "서비스를 시작합니다"라는 멘트와 함께 핸드폰 시계 등을 촬영해 정시에 서비스를 시작했다는 걸 보여줘야 한다. 교육할 때 받은 스프레이형 소독제로 손과 팔다리를 소독하는 모습을 보여준 후, 1시간 전에 전달받은 현관문 비밀번호를 누르고 집 안으로 들어간다. 이때 고양이가 밖으로 뛰어나올 수도 있으므로 현관문을 조심스럽게 열고 비밀번호를 누를 때는 카메라를 가려 개인정보가 노출되지 않도록 주의해야 한다.

고양이들의 이름을 번갈아 부르며 조심스레 집 안으로 들어갔다. 낯선 환경이지만 당황하지 않는다. 예약 고객이 미리 알려준 위치에 있는 먹이통과 전용 화장실만 찾으면 되니까. 먹이통에 남아 있는 사료를 버리고 깨끗하게 닦은 후 새로운 사료로 채워준다. 별도 요청이 있다면 사료 외에 간식도 챙겨준다. 챙겨간 물티슈로 먹이통 주변을 깨끗이 정리해주면 먹이 돌봄 끝. 다음은 화장실을 청소할 차례다. 고양이 화장실을 찾아 배설물과 굳은 모래를 긁어내 비닐에 담아 처리한 후 부족한 모래를 보충하고 주변에 흩어진 모래를 치워주면 화장실 돌봄도 끝. 아무리 꼼꼼히 해도 먹이 챙기기와 화장실 청소까지 걸리는 시간은 채 20분도 되지 않는다. 남은 시간은 고양이 전용 장난감으로 놀아주거나, 쓰다듬는 등의 페팅 서비스로 고양이와 친분을 다지면 되는데, 낯을 많이 가리는 편이라고 했던 두 마리 코숏은 흥미롭게 지켜보기만 할 뿐 끝끝내 다가 오지 않았다. 서비스 종료 2분 전에 짐을 챙기고 현관에서 마지막으로 고양이들 이름을 불러주며 작별인사를 한 후 나왔다. 집 밖으로 나오면 현관문은 반드시 2회 이상 잘 닫혔는지 체크하며, 다시 한 번 핸드폰 시계 화면을 촬영해 종료 시간을 제대로 채웠다는 걸 보여주고 "서비스를 종료합니다"라는 멘트와 함께 액션캠을 끈다. 고객과의 채팅창에 돌봄 시 틈틈이 찍은 사진을 보내면서 서비스 완료를 보고하는 것으로 30분간의 돌봄 서비스는 종료된다.

하지만 아직 할 일이 남았다. 4시간 내로 도그메이트 모바일앱에 간단한 돌봄일지를 작성해 올리고 액션캠 속 녹화 파일과 핸드폰으로 촬영한 돌봄 사진 등은 늦어도 24시간 내에 모바일앱에 업로드해야 한다.

얼마나 벌까?

고양이 방문 돌봄의 경우 30분 기준으로 1만 3,000원의 비용이 책정되며, 이 중 1만 원이 펫시터의 몫이다. 30분 동안 할 일은 물과 사료를 주고 화장실을 청소해주는 것. 가능하다면 고양이와 잠시 놀아줄 수도 있다. 강아지의 경우 방문 돌봄 외에 산책 돌봄 서비스도 있는데 1시간 기준으로 펫시터는 1만 8,000원의 수익을 올릴 수 있다. 주말 및 휴일에는 5,000원의 추가 비용이 있으며, 수익금은 1주 단위로 정산되어 지정 계좌로 자동 입금된다.

　동물들을 제대로 돌보는 것만큼 중요한 건 반려인들을 위한 '리포트' 작성 과정이다. 돌봄이 끝나면 간단한 메모 수준의 '돌봄일지'를 남기고 액션캠으로 촬영한 동영상을 앱에 올려야 한다. 특히 돌봄일지는 반려인과 펫시터가 정보를 공유하고 소통할 수 있는 주요한 수단이 된다.

　돌봄에만 집중할 수 있도록 예약은 철저하게 도그메이트의 전문상담사가 담당한다. 또한 펫시터 전용 핫라인을 운영해 돌봄 중 생기는 궁금증이나 응급 상황에 대해 전문상담사가 상시 상담해준다. 도그메이트는 수의사나 행동교정사 등이 진행하는 전문 세미나도 수시로 열고 있으니 관심 있는 사람은 참석해 전문 펫시터로서의 능력을 업그레이드할 수 있다.

펫시터 서비스 업체

도그메이트(www.dogmate.co.kr) APP

고양이, 개에 대한 방문형 돌봄 서비스를 제공한다. 개의 경우에는 간단히 집 주변을 산책하는 산책 돌봄 서비스를 추가할 수도 있다. 돌봄의 모든 과정을 돌보미가 장착하는 액션캠으로 촬영해 고객에게 전달하는 것을 원칙으로 해 반려인과 펫시터 모두 안심할 수 있는 돌봄 서비스가 가능하다. 펫시터 지원자에 대한 깐깐한 대면 면접, 4시간의 오프라인 교육 등을 통해 반려인들로부터 신뢰와 전문성을 인정받고 있다. 실제 개나 고양이를 기르고 있거나 책임감 있게 길러본 지원자들을 선호하며, 모바일앱 '도그메이트'를 통해 지원서를 제출하면 된다.

펫플래닛(www.petplanet.co) APP

자신의 집에서 개를 맡아 돌봐주는 위탁 펫시터 서비스를 제공한다. 신원 검증, 방문 면접, 환경 검증, 교육 수료를 통과해야만 위탁할 수 있는 자격이 생긴다. 고객이 개를 맡기면 요청 사항에 따라 돌보며 산책 서비스 등도 제공한다. 반려동물의 실시간 상태를 사진·동영상으로 기록하여 LIVE 일지 메뉴에 업데이트하면 고객이 실시간으로 확인할 수 있다. 비용은 1박 돌봄 시 3~5만 원, 12시간 이내 데이케어는 2만~3만 5,000원으로 책정되며 일정 비율의 수수료를 제외한 후 펫시터에게 지급한다.

와요[wayopet.com] APP

개와 고양이를 위한 방문 돌봄 및 산책 서비스를 제공한다. 모바일 앱을 통해 예약을 받을 수 있으며, 고객의 집 방문 시점부터 돌봄 모습을 실시간 라이브 중계해야 한다. 고양이를 기준으로 사전 예약 시 30분 기준으로 1만 3,000원의 수익을 올릴 수 있으며 수익은 주 단위로 정산된다.

숨고[www.soomgo.com]나 오투잡[www.otwojob.com]

숨고 같은 재능 공유 플랫폼에서는 개별 펫시터로 등록할 수 있다. 서비스 내용 및 시간 등에 대해 고객과 일대일로 협의하므로 맞춤형 서비스 제공이 가능하지만, 반려인들과 직접 통화 및 가격 협상을 해야 하고, 만일의 사태에 대해 전적으로 책임져야 한다는 리스크가 있다. 하지만 장기간 돌봄 계약을 할 경우 안정적인 고수익을 올릴 수 있다는 장점도 있다. 재능 공유 플랫폼에서 활동하려면 '펫시터 자격증' 취득 여부가 중요해진다. 도그메이트나 성동구청 같은 지역 자치단체에서 운영하는 반려동물 돌봄 전문가 양성 프로그램을 이수하면 해당 자격증을 취득할 수 있다.

우리 동네
대표님

시민정치 참여

$$\$$ $\$\$$ ★★☆☆☆

예상 수입	월 5만 원(회장, 감사 등 임원의 경우에는 추가 활동비 지급)
장점	생각보다 하는 일이 없다. 공식적인 직무는 매월 1회 열리는 입주자대표회의에 참석하는 것뿐이다.
단점	봉사와 책임 의식이 필요한 직책이다. 주민들의 불만을 들어야 하는 감정노동직이며, 이권 다툼이나 중대 사안이 발생할 경우에는 몸싸움 말리기도 불사하는 용감한 중재자로 나서야 한다.
지속가능성	공동주택에서 일어나는 여러 사안에 대해 관심이 많은 사람이라면 보람도 느낄 수 있을 것. 아파트 동대표의 임기는 2년이며 2회까지 연임 가능하다.

도대체 아파트 관리비는 왜 해마다 오르는 것이며, 가가호호 발생하는 크고 작은 문제들은 누가 해결하는 걸까? 주말 오후면 '층간소음에 유의해 달라'고 호소하는 방송 속 목소리의 주인공은 누구이며, 고장 난 엘리베이터 속에 갇혔을 때 바람처럼 나타나 나를 구해준 그 아저씨들은 어디 소속이었을까? 아파트에 살면서 늘 궁금했지만 막상 알아보려 애쓰지는 않았던 질문들이었다.

지난 2월, 살고 있는 아파트 엘리베이터에 공고문이 붙었다. 아파트 입주자대표회의 구성을 위한 동대표 선출 공고였다. 15년간 같은 아파트에 살다 보니 2년에 한 번 이맘때쯤 선거가 있었고 늘 투표에 참여했지만 그뿐이었다. 우리 동대표가 누구이며, 어떤 일을 하는지, 입주자대표회의는 무엇이고 어떻게 돌아가는지에 대한 관심은 일절 없었다. 그저 누군가 나서주면 고맙겠다는 생각 정도였다.

하지만 '매일 돈 버는 삶'에 골몰해 있던 그해. 선출 공고를 보는 내 시선은 달랐던 것 같다. '매일 돈 버는 삶'을 살기로 했으니 살고 있는 아파트의 동대표가 되어 봉사도 하고 활동비도 받으면 좋지 않겠냐는 생각이 든 것이다. 일단 활동비 규모가 궁금해 블로그를 찾아보니, 동대표의 매월 활동비는 실망스러웠다. 단돈 5만 원이었다. 생각보다 적지만 매월 한 번 있는 입주자대표회의에 참석하고,

관리비 승인 및 아파트의 사안들에 대한 의견을 내는 간단한 일만 하면 되니 투자 시간 대비 나쁘지 않은 일이라는 설명에 금세 설득되었다. 주로 어르신들이 소일거리 삼아 활동하시는 경우가 많으며, 아파트 이웃 주민들이나 관리사무소 사람들과 얼굴을 트고 지낼 수 있어서 좋았다는 의견들도 있었다.

당시는 코로나19의 확산세가 매우 심각했던 터라, 공동주택살이에서 해결해야 할 문제들도 많아보였고 무엇보다 '일 년은 금세 지나가겠지' 하는 생각에 덜컥 출마를 결정했다(그로부터 한 달 후 받은 동대표당선증을 보고 동대표의 임기가 2년이라는 사실을 알게 된다⋯).

동대표, 아무나 하나?

이전까지는 동대표 출마 자격이 아파트를 소유하면서 실제로 거주하는 '입주자'에게만 주어졌다. 하지만 2020년 9월 개정된 서울시 공동주택 관리규약 준칙에 따르면, 2회의 선출공고에도 입주자 후보자가 없는 경우에는 3차 선출공고부터 '사용자'도 출마할 수 있다는 규칙이 생겼다. 여기서 '사용자'란 전세 또는 월세 거주자로 해당 주소지로 주민등록이 되어 있는 사람을 말한다.

대부분의 아파트 입주자대표회의에서 직면하는 가장 큰 어려움은 지극히 낮은 출마율이다. 잘은 모르지만 골치 아플 것 같고

게다가 보수도 적게 주는 터라 선뜻 동대표 역할을 나서서 맡으려는 사람들이 없는 것이다. 내가 살고 있는 아파트만 해도 총 15개 동 중 겨우 8개 동에서만 동대표가 선출되었으며 예외 없이 모두 단일 후보였다. 그러니 워낙 낮은 출마율 때문에라도 당선될 확률은 매우 높다.

출마 시에는 아파트 소유 및 거주 사실을 증명하는 공문서, 범죄 사실 등 확인을 위해 개인정보 검색을 허용하는 동의서, 후보자 공고에 들어갈 사진과 이력, 출마 공약 등을 제출해야 한다. 출마 당시 가장 망설였던 부분은 엘리베이터에 붙게 되는 선거공고를 통해 같은 동에 사는 주민들에게 내 얼굴, 학력과 이력 등 개인정보가 노출된다는 사실이었다. 하지만 한편으로 그 정도의 정보는 이미 인터넷상에서도 충분히 알아낼 수 있으며, 2년 전에 동대표로 출마했던 분의 이력이나 얼굴에 대한 기억을 떠올려 보려 해도 선거공고를 떼낸 이후에는 생각나는 게 전혀 없었다. 그러니 선거공고가 붙어 있는 동안만 창피함을 견뎌내면 될 것 같다는 생각이었다. 다행이라고 말하기는 그렇지만 마침 코로나19로 인해 모두가 마스크를 쓰고 엘리베이터를 타던 시점이라, 내 얼굴 사진이 떡하니 붙어 있는 선거공고문 앞에 서 있어도 아무도 못 알아본다는 사실이 조금의 용기를 주었다.

아파트 동대표가 하는 일

입주자대표회의장은 작은 재판장 같다. 매월 회의 참석 전에 우리는 진지하게 국민의례를 하고 회장은 나무로 된 의사봉을 높이 들어 세 번 치는 것으로 개회를 알린다. 관리사무소장 및 관리 주체가 파워포인트 화면을 통해 아파트의 크고 작은 시설 보수 문제와 예산 집행 문제, 주민 건의 사항, 아파트 관리비 세부 내역 보고 등을 보고한다. 동대표들은 안건에 대해 자유롭게 질문하고 거수투표에 의해 찬반을 결정한다. 평일 저녁에 주로 열리는 회의는 안건에 따라 1시간 반~2시간 정도 소요된다. 아파트 보수 및 개선 공사에 대한 입찰 업체를 선정해야 하는 경우에는 더 늦게 끝나는 경우도 있다.

공교롭게도 내가 참여하는 입주자대표회의에는 나와 비슷한 또래의 3040 동대표들이 대거 당선되는 기현상이 일어났는데, 토의와 토론 문화에 익숙한 세대답게 질문과 제안 사항이 많은 편이다. 재활용품 분리수거의 효율성을 높이기 위한 아이디어를 내거나, 단지 내 어린이 보행 안전시설에 대한 요구를 하기도 하고, 코로나19가 한창일 때는 엘리베이터 버튼에 항균 스티커를 붙이자고 처음 아이디어를 낸 것도 동대표들이었다. 어르신들은 회의가 예전에 비해 너무 길어진다며 볼멘소리도 하시지만 나는 꽤 근사한 '시민정치'의 일원으로 참여하는 것 같아서 흐뭇하다.

보수는 적지만 흥미로운 아파트 정치판

풀뿌리 민주주의나 시민정치 참여라는 거창한 말은 굳이 붙이지 않겠다. 요컨대 아파트 동대표는 월 5만 원 정도로 보수도 적고, 자칫 이웃으로부터 싫은 소리를 들을 수도 있는 자리다. 하지만 아파트 생활환경을 개선하고, 아이들이 뛰어놀기에 더 안전한 곳으로 만들 수도 있는 게 입주민대표회의의 힘이다. 내가 사는 곳에 대해서 내 이웃에 대해서 잘 알게 되면 더 큰 애정이 싹트기 마련이다. 그런 면에서 보다 많은 이들이 시민정치의 맛을 경험해보기를 추천한다.

동대표 이후 시민정치에 대한 자신만의 적성을 발견했다면 이보다 한 단계 높은 '통장'에 도전해볼 수도 있겠다. 만 30세 이상으로 해당 지역에 일정 기간 이상 거주한 사람이 출마할 수 있으며, 2020년부터 이장과 통장의 수당이 기존 월 20만 원에서 30만 원으로 파격 인상되었다. 물론 통장은 행정 시책의 홍보 및 건의 사항을 보고하고 저소득가구 생활 실태를 파악하고 각종 지역 시설을 확인해야 하는 등 할 일이 많지만 봉사 정신으로 무장한 마당발 성격의 소유자라면 보람과 실속을 함께 찾을 수 있는 꽤 좋은 일자리다.

사냥법 04

생활 패널

매일 습관처럼 벌다 보면, 지출에도 느슨해지지 않는다.

생활 패널이 된 후, 나는 살림의 고수로 거듭나고 있다. 이전
에는 마트에서 장을 볼 때 가격에 특별히 신경 쓰지 않고 장바
구니에 담는 편이었고, 쇼핑 후 영수증은 가방에 넣거나 버리
지 항목을 대조하며 살펴보는 일이란 전무했다. 냉장고 속에
는 비닐에 담긴 채로 기억에서 잊힌 채소 사체들이 즐비했다.
하지만 지금의 나는 물건을 살 때 100g당 단위 가격을 비교하
는 일에 익숙하다. 영수증은 받은 자리에서 항목별로 꼼꼼히
체크한다. 집에 도착하면 사온 물건들을 식탁 위에 늘어놓고
일일이 바코드를 스캔하고 가격과 용량을 기록한 후에야 냉
장고에 넣는다.

　온라인으로 쇼핑을 한 날은 언박싱의 즐거움을 만끽한 후
다양한 각도에서 촬영해 리뷰를 올리고 다음번 쇼핑할 때 현
금처럼 사용할 수 있는 리워드를 모은다. 확실히 이전의 나는
리뷰 따위를 꼼꼼히 읽는 인간이 아니었다. 그래서 유독 실패
한 쇼핑이 많았지만, 어차피 다음 달 월급으로 자동 메워질 손

해이니 그다지 신경 쓰지 않았다. 하지만 지금은 다르다. 물건을 살 때면 기본 10개 이상의 리뷰를 읽고 다른 사람에게 도움이 되도록 나의 리뷰도 객관적이고 정성스럽게 작성한다.

식품회사나 화장품회사, 홈쇼핑채널의 생활 패널이 누릴 수 있는 공짜 먹거리나 화장품들도 빠듯한 가계에 큰 도움이 된다. 함께 활동하는 주부 9단으로부터 귀동냥하는 요리 레시피나 살림 노하우는 늘 유용하고, 스무살 대학생 패널이 들려주는 요즘 젊은이들 사이에 유행하는 메이크업은 모임에서 좋은 이야깃거리가 된다.

이처럼 내 삶을 업그레이드하는 데 직접적인 도움이 되고 있는 생활 패널의 가장 큰 매력은 특별히 여성들을 우대한다는 데 있다. 기업들은 생활용품 쇼핑의 노하우나 기록의 꼼꼼함, 식품 및 생활가전 품평에 대해서는 대한민국 주부들을 따라갈 사람이 없다는 사실을 너무도 잘 알고 있다. 따라서 생각보다 많은 회사들이 생활 패널제도를 운영하기에 문이 열려 있고 문턱도 높지 않다.

패널 활동 중에 만난 주부들 중에는 소비자 패널로서의 출발은 풀무원, 샘표간장, 이니스프리 같은 생활재 회사의 품평단이었다는 이들이 많았다. 앞으로 다섯 번째 푼돈 사냥법으로 소개할 좀 더 상위 버전의 고객 패널계로 옮겨가기 위한 준비이자 스펙으로도 생활 패널 활동을 추천하는 바다.

영수증의
달인

쇼핑 리서치 패널

$ $ $ $ ★☆☆☆☆

예상 수입	3개월에 3~5만 원. 상품권 또는 포인트로 지급한다.
장점	상품 바코드를 스캔하고 제품별 구매가를 입력하는 일은 게임하듯이 재미 있다. 구매 영수증을 꼼꼼히 살펴보는 습관을 갖게 한다는 점만으로도 돈보다 값어치 있는 리서치 활동이다. 쇼핑의 능력치가 커진다.
단점	활발한 쇼핑 활동을 하는 개인 또는 가정을 대상으로 하므로 쇼핑 횟수 및 살림 규모가 적은 경우에는 불리하다. 가끔은 패널 활동을 위한 쇼핑을 하게 될 때도 있다. 영수증으로 인한 혹시 모를 개인정보 노출에 대한 우려가 있다.
지속가능성	일주일 또는 월 간격으로 꾸준히 포인트가 적립되고, 일정 금액 이상이 되어야 인출 또는 리워드로 보상받을 수 있으므로 꾸준히 하게 된다. 활동이 적을 경우 패널 담당자가 개인적으로 연락해 독려하고 관리한다.

좀 더 일찍 알았더라면 좋았을 것을···. 지갑에 쑤셔 넣었다가 꼬깃 꼬깃 구겨 쓰레기통에 버렸던 지난날의 영수증들이 죄다 아쉽다. 친구들과 핫플레이스를 찾아 돌아다니고 마트나 편의점에서 지르 는 걸로 스트레스를 풀었던 옛 시절에 진작 시작했더라면, 지금쯤 수백만 원은 모았을 텐데···. 하지만 늦지 않았다. 살아갈 날도, 쇼 핑할 날도 많고 여전히 쇼핑하기란 즐거우니까.

마트나 슈퍼에서 장을 보고 집에 돌아올 때면, 일단 장바구니 속 모든 물건들을 식탁 위에 가지런히 늘어놓는다. 계산 후 받은 영수증은 한쪽에 놓고, 모바일앱을 연 다음, 상품 하나하나를 꺼내 부착된 바코드를 촬영한다. 제품 개수나 용량, 구입 가격을 일일이 확인해 모바일앱에 입력한다. 모든 물건의 쇼핑 정보를 다 입력한 후 '보내기'를 누르면 끝! 이 작업을 거치고 나야 비로소 장봐온 물 건들을 냉장고나 찬장에 넣을 수 있다.

낯선 동네 편의점에서 물 한 병을 사도, 우체국에 편지 한 통을 보내도, 국립공원 입장권 구입 영수증일지라도 잘 펴서 지갑 속에 넣어둔다. 나올 때 간판 사진 하나 정도는 찍어두고 음식이나 내부 풍경도 부지런히 담지만 인스타그램 업로드를 위한 것은 아니다. 지갑에 넣어둔 영수증은 버스나 지하철을 타고 이동할 때처럼 잠 시 짬이 날 때 꺼내서 핸드폰 카메라로 촬영해둔다. 그리고 잠들기 전 침대 머리맡에서 '네이버 MY플레이스'를 열고 아까 찍어둔 영수증 사진을 소환해 장소 정보를 등록한다.

쇼핑 리서치 패널이 된 후 내 쇼핑 습관은 이전과는 확연히 달라졌다. 분명히 좋아졌다. 가격표도 안 보고 덥석덥석 물건을 집던 나는 어느새 상품별 가격에 민감해졌고, 원 플러스 원이나 쿠폰 할인이 적용되는 상품이라면 그 가치를 신중히 고민한다. 덕분에 이전처럼 가격이 싸다고 무턱대고 사서 쟁여놓거나, 냉장고에 있는 걸 모르고 산다거나 하는 실수가 줄었다. 마치 시험을 치른 후 정답을 맞춰보는 것처럼, 쇼핑 후에 영수증 정보를 기록하며 복기하듯 쇼핑을 되돌아보면서부터다.

왜 영수증일까?

리서치 회사 중에는 실제 사람들의 쇼핑 습관과 상품 선호도를 조사하는 곳도 존재한다. 그리고 영수증은 이 모든 정보를 정확하게 살펴볼 수 있는 지표가 된다. 따라서 마트나 온라인몰에서 생활용품을 구입한 영수증 내역, 카페나 레스토랑의 외식 영수증을 업로드하면 그 빈도와 업로드 내역에 따라 수고비를 지불하는 것이다.

이 회사들이 돈이나 리워드를 주면서까지 영수증 정보를 모으는 이유는 앞으로 기업 입장에서 고객 맞춤형 서비스를 추천하거나 자사의 제품 및 시설을 홍보할 수 있는 중요한 마케팅 수단이 되기 때문이다. 영수증에는 구매 장소와 품목뿐 아니라 쇼핑 시간 등도 포함되므로 이를 빅데이터로 전환하면 소비자의 구매 동향 예측이 가능하다고 한다. 특히 '가정'을 최소 단위로 구매 행동을 조사하면, 먹고 입고 즐기는 삶의 소비 패턴을 가장 현실적으로 추적할 수 있다는 점에서 상당히 귀한 빅데이터 자료가 된다.

구매 금액보다는 쇼핑 패턴이 중요하므로 성별 및 직업, 나이에 상관없이 누구나 참여할 수 있다. 집에서 건강하게 요리해 먹는 것을 즐기는 사람도, 시간을 절약하기 위해 편의점에서 끼니를 때우는 사람도 쇼핑 리서치 세계에서는 소중한 표본이기 때문이다.

가입해볼 만한 쇼핑 리서치 회사들

칸타월드패널(www.kantarworldpanel.com/kr) **APP**

쇼핑 정보를 제공하면 이에 대한 리워드를 지급한다. 칸타월드패널
홈페이지에서 가입 신청을 하면 전화 인터뷰를 통해 자격을 꼼꼼히
검증하고, 성실하고 지속적인 쇼핑 정보 입력을 약속받은 후에 가입
이 승인된다. 일주일간 등록되는 쇼핑 정보가 없으면 담당자가 문자
나 전화 통화로 참여를 독려하며, 장기간 등록 정보가 없으면 회원
자격을 박탈한다. 단, 여행이나 장기 해외체류 등의 특별한 상황은
담당자에게 연락해 미리 통보하면 유예해준다.

패널로서 할 일은 마트나 슈퍼마켓 또는 인터넷에서 구매한 식료료
와 생활용품에 부착된 바코드를 일일이 사진으로 찍어서 앱에 등록
하는 것이다. 일단 패널로 선발되면 앱(칸타모바일패널)을 깔고, 쇼핑
을 하거나 선물을 받을 때마다 각 제품의 제품명, 개수, 가격 등을 입
력하면 된다. 공산품의 경우, 바코드를 스캔하고 구입 가격과 프로
모션 여부 등만 간단하게 입력할 수도 있다. 영수증의 빈도도 중요
하므로 식료품 쇼핑이 잦은 주부, 편의점 쇼핑이 잦은 1인 가구, 온
라인 배달 쇼핑을 즐기는 직장인이라면 쏠쏠하게 포인트를 모을 수
있다.

포인트는 일주일 간격으로 적립되며 기본 일주일에 1회 등록 시
100포인트, 2회 등록 시 110포인트, 3회 등록 시 115포인트 등으
로 쇼핑 횟수에 따라 포인트가 조금씩 달라진다. 생일이나 명절에
100~200포인트를 선물하기도 하고, 가끔 올라오는 설문조사로
200~300포인트를 추가로 받을 수 있다. 5,500포인트를 모으면 5만

원 권 백화점상품권으로 교환할 수 있는데, 내 경험상 8개월 정도 꾸준히 기록하면 상품권과 교환할 수 있는 포인트를 쌓을 수 있다.

네이버 MY플레이스 (m.place.naver.com/my/application)

네이버는 네이버지도 서비스와 연계해 보다 최신의 상세한 장소 정보를 제공하기 위해 'MY플레이스'라는 사용자 참여형 리뷰 플랫폼을 구축 중이다. 사용자들은 방문한 장소에 대한 주소, 분위기, 소감 등을 등록하게 되는데 이때 객관적인 정보의 기준으로 요구되는 것이 다름 아닌 '영수증'이다.

네이버 검색창에서 'MY플레이스'를 검색한 후 좋아하는 맛집, 카페, 핫플레이스에서 사용한 영수증을 제출하고 간단한 리뷰를 쓰면 된다. 이에 대한 수고비는 네이버페이 포인트로 지급한다. '이 장소 첫 방문 인증' 즉 이전에 아무도 등록하지 않았던 장소를 등록할 경우에는 50포인트, 중복 등록의 경우에는 10포인트를 지급한다. MY플레이스 메인 페이지(m.place.naver.com/my/pick)의 '리뷰' 메뉴에서 영수증 인증법, 리워드 등의 상세 정보를 얻을 수 있다.

이렇게 모인 네이버페이 포인트는 네이버 쇼핑 시 현금처럼 쓸 수 있는데, 50원 정도로 얼마나 큰돈이 될까 싶지만 어느새 쇼핑 머니로 쓸 수 있을 만큼의 포인트가 쌓인 걸 발견하게 될 것이다. 특히 핫플레이스를 자주 찾는 트렌드세터나 데이트족이라면 남들보다 수월하게 돈을 모을 수 있다. 나의 경우에는 동네의 작은 분식집이나 편의점, 우체국이나 관공서는 물론 입장 요금을 받는 관광지 등도 등록하는 편이다. 건물 외관이나 음식, 메뉴, 인테리어 사진 등을 함께 올리면 좀 더 많은 사람에게 도움이 된다. 가끔 모바일 팝업창에 "○○에 관해 올리신 리뷰가 100명에게 도움이 되었습니다"라는 피드백 문자를 받는다. 이런 피드백 자체가 돈이 되는 것은 아니지만, 누군가에게 도움이 되는 정보를 생산해냈다고 생각하면 이 또한 꽤 기분 좋은 일이다.

닐슨 홈스캔 (www.hscankorea.co.kr)

핸드폰 모양으로 생긴 바코드 스캐너를 이용해 가구 내에서 소비하는 제품에 붙어 있는 바코드를 스캔하면 된다. 편의점이나 마트에서 상품 정보 인식을 위해 사용하는 스캐너와 같은 원리인데, 이게 은근히 재미가 있다. 스캐너에 입력된 상품 정보는 와이파이 등을 이용해 곧장 송신된다.

매주 데이터 전송 시 1,000포인트, 한 달 간 매주 전송했을 때는 인센티브로 4,000~5,000포인트가 추가 지급되므로 매월 최소 8,000~1만 포인트를 받을 수 있다. 패널 선정 1년 이후부터는 생일이나 명절 등에 추가로 3,000~5만 포인트를 적립해준다. 적립한 포인트는 지정 쇼핑몰에서 상품 구입 시 현금처럼 사용할 수 있다.

닐슨 홈스캔 패널은 홈페이지 모집공고를 통해 선발하는데, 기간별로 1인 또는 2인 가구, 대가족, 주말부부 등 키워드를 달리해서 모집한다. 자신이 해당 가구 형태가 아니더라도 모집공고가 수시로 바뀌므로 홈페이지에 자주 들려보자.

스캐너 및 기타 장비는 주소지로 무료 배송되며, 동영상 링크를 통해 사용법에 대한 오리엔테이션을 받으면 곧장 등록 가능하다. 단, 스캐너 장비를 잃어버렸거나 파손 시에는 포인트에서 차감되고, 데이터 전송이 꾸준히 이뤄지지 않을 경우에도 포인트 강제 차감의 불이익을 받을 수 있다.

영수증에 기반한 쇼핑 정보를 제공하면 리워드를 지급하는 대표적인 회사다. 예전에는 실제 쇼핑한 영수증을 찍어 올리면 매장마다 사전에 지정되어 있는 30~50포인트의 리워드를 지급했는데, 최근 모바일 시스템이 개편되면서 영수증은 물론 구매한 물건의 바코드까지 일일이 찍어서 보내야 하는 것으로 복잡해졌다.

모든 구매 물품이 아닌, 캐시카우에 등록된 매장에서의 구매 영수증만 인증 가능하므로 캐시카우 모바일앱을 실행해 적립 가능한 매장인지를 확인해두는 것이 좋다. 대형마트를 비롯해 편의점, 카페 등 전국 8만 5,000여 개 매장과 제휴가 되어 있으므로 적용 매장을 찾는 일이 그리 어렵지 않다. 특히 대형마트의 경우에는 상품별로 추가 포인트를 증정하므로 마트 쇼핑을 즐겨하는 이들에게 유리하다. 적립된 포인트로는 캐시카우의 자사몰에서 물품을 구매할 수 있고 5,000포인트 이상 쌓이면 현금으로도 인출 가능한데 최근 현금 이체가 늦어지고 있다는 이용자들의 불만이 많다.

가전의
여신

가전회사 고객 패널

$$$$$ ★★☆☆☆

예상 수입	월 최소 20만 원+
장점	파워포인트나 리포트 형식의 과제 제출 없이, 온라인 FGD 또는 대면 자유토론 방식으로 진행된다. 경험담과 의견을 담담히 전달할 수 있는 적당한 말발과 톡톡 튀는 아이디어만 있으면 된다.
단점	토론 외에 자신을 부각시킬 다른 방법이 없으므로 토론 분위기가 자못 경쟁적이다. 상품 품평회나 FGD가 수시로 열리고, 시간 역시 일정치 않아서 직장인이나 자녀가 어린 주부들은 제대로 참여하지 못하는 경우가 생긴다. 시간여유가 많은 이들에게 추천한다.
지속가능성	글로벌 회사의 상품에 자신의 아이디어나 의견을 덧입힐 수 있다는 사실만으로도 흥미롭다. 토론의 분위기가 자유로워 누구나 편하게 참여할 수 있으며, 아직 시장 출시 전의 제품을 만나볼 수 있다는 사실도 즐겁다. 마냥 계속 활동하고 싶지만 아쉽게도 연임은 불가하다.

네이버 카페에서 'LG전자 제2기 신가전 고객 자문단 모집' 공고를 발견했을 때 다시 가슴이 두근거렸다. 자취 경력 25년 차인 내게 가전제품이란 화장품만큼이나 익숙한 물건이었고, 나만의 아이디어가 반영된 제품이 전 세계에서 팔리는 모습은 상상만 해도 즐거웠다.

학창시절부터 '취미'를 묻는 란에는 늘 '공상하기'라고 적었다. 무인도에 낙오되었을 때 어떻게 살아남을지의 생존 계획을 짜는 것부터 은퇴 후 살 집을 어떻게 꾸밀지 그려보는 것까지, 공상하기는 손가락 하나 까딱하지 않고 즐기는 나만의 휴식법이었다. 그때부터였던 것 같다. 상상력을 키우며 머릿속으로 그림을 그리고 전략을 짜내기 시작한 것이…. 편집장으로 일하던 시절 이니스프리에 아이디어를 제공해 일명 '위장크림'이라고 불리던 3색 캐머플라쥬 크림을 탄생시킨 적이 있다. 몇 개월 후 디자인과 제형, 성분에 이르기까지 고스란히 내 아이디어가 반영된 제품이 출시되어 성공했을 때의 짜릿함은 두고두고 가슴에 남았다. LG전자 생활가전 부문의 고객 패널로도 이런 기분 좋은 성취감을 느낄 수 있기를 바랐다.

고객 패널로 선발되기 위한 필승 전략

소비자 패널 모집공고를 발견할 때 나의 습관은 우선 전임 패널들이 올린 경험담이나 후기를 찾아보는 것이다. 각 사별로 패널이 하는 일과 프로젝트들을 파악하고 나면, 자기소개서에서 어떤 점을 강조하고 면접에서 무엇을 어필해야 할지 전략적으로 도움이 된다. 하지만 바로 한 해 전인 2019년 처음으로 선발한 '신가전 고객 자문단'과 관련한 정보나 체험 글은 좀처럼 눈에 띄지 않았다. 결국 모집공고 홈페이지에서 다운받은 지원서 양식에 공통 과제로 주어진 '전자제품 관련 개선·개발 아이디어'와 '자기소개서'에 집중하자는 전략을 세웠다.

이때 전자제품 관련 개발 아이디어는 붙박이형 가전이 많은 최신식 아파트가 아닌 낡은 아파트나 구옥에 사는 소비자의 입장에서 아이디어를 제시했다. 덧붙여 가전 시장의 주요 소비자층으로 떠오른 1인 가구이자 고양이 집사, 요리 마니아, 홈오피스 작업자 등의 모든 요소를 갖춘 당신들이 찾고 있던 바로 '그' 소비자가 바로 나임을 어필했다. 선발되고 보니 그해의 패널은 신혼살림을 준비하는 예비 신부부터 육아휴직 중인 공무원, 대학생 자녀를 둔 주부까지, 연령과 성별, 직업을 망라한 다채로운 인물들로 구성되어 있었다. 그러니 내 작전은 적중했다고 보는 편이 맞겠다.

모집공고 페이지에서 다운받은 지원서 양식을 잘 채워서 담당자 이메일로 보내면 서류 심사가 시작된다. 통과하면 다음 단계는 대면 면접. 보통 면접관이 질문하면 지원자가 답하는 일반적인 패널 면접과 달리, LG전자는 4~5명의 면접자들이 1명의 사회자가 던져주는 주제에 대해 자유토론하는 형식으로 진행된다(코로나19로 인한 생활 속 거리두기 지침이 있었던 당시에는 zoom과 같은 화상채팅 플랫폼을 이용했다).

토론은 약 1시간가량 진행되었는데, 사회자 안내에 따라 '최근 눈에 띄는 전자제품 트렌드'나 '이런 제품이 있었으면 좋겠다 싶은 아이디어' 등에 대해 자유롭게 의견을 냈다. 이때 화면상으로는 보이지 않았던 면접관들이 지원자들의 아이디어와 의견 제시 수준과 토론 태도에 따라 점수를 매겨 최종 선발한다.

글로벌기업 중에서는 소비자들이 직접 제품 및 서비스 개발에 참여할 수 있는 '소비자 패널' 제도를 운영하는 곳이 많다. LG전자나 삼성전자 같은 브랜드도 예외는 아니다. 특히 가전회사의 입장에서 전자제품 구매 시장에 영향을 미칠 수 있다고 판단되는 오피니언 리더들과 친밀한 관계를 형성하고, 이들의 트렌디한 라이프스타일과 다양한 가치관을 제품 개발에 반영할 수 있다는 건 매우 좋은 기회다. 자동차 회사 볼보는 일찍이 'Volvo Cars Female

Customer Reference Group(FCRG)'이라고 해서, 여성들로만 구성된 소비자 패널 그룹을 운영했다. 운전석 옆에 핸드백을 놓을 수 있는 공간을 만들고, 운전 시 사각지대에 자동차나 오토바이 등이 들어올 경우 사이드미러에 붉은 등이 들어오게 한 BIS 장치는 바로 FCRG를 통해 탄생했다. 이후 볼보의 자동차가 남자들의 전유물이 아니고 여성 운전자들의 목소리에 귀 기울인다는 사실을 누구보다 열심히 알린 사람들이 바로 이 소비자 패널 그룹에 속한 여성들이었다는 사실은 주목할 만하다.

LG전자의 고객 패널로서 가장 만족스러운 부분은 아직 출시 전 제품의 개발 방향을 넌지시 짐작해볼 수 있으며, 운이 좋으면 출시 시점의 제품을 직접 사용해볼 수도 있다는 것이다. 내 경우에는 실제 개발자들로부터 제품 개발의 뒷이야기를 리얼하게 들을 수 있었던 것도 좋았다. LG전자의 생활가전 부문 임원이 심한 경상도 사투리를 구사하시는 분이라, 제품 최종 단계에서 A.I. 음성 인식 시스템이 해당 임원의 명령어를 해석하지 못하자 사투리 해석력을 높이는 프로그래밍을 보강했다는 이야기들은 고객 패널이 아니고서는 듣지 못할 테니까. 물론 내가 던진 작은 지적이나 아이디어가 제품에 적용될 수 있다면 영광이겠으나, 그냥 전문가들이 내 목소리에 귀를 기울이고 가끔은 눈썹을 꿈틀거리며 탄복하는 모습을 보는 것만으로도 만족감은 크다.

부담스럽던 PPT는 잠시 안녕

가전회사의 고객 자문단으로서 꼭 필요한 역량이 무엇이냐고 묻는다면 한마디로 '말발'이다. 앞으로 소개할 은행이나 카드사 등 금융계 패널의 경우 파워포인트를 다루는 능력이 중요한 반면 이곳에서는 자유롭게 토론에 참여하고 차분히 의견을 개진하는 것이 중요했다. 처음에는 제품의 성능 및 조작과 관련한 전문용어들이 익숙하지 않아 어렵지만, 설명을 잘 듣고 이해하려는 노력 정도면 충분하다.

자유롭게 의견을 이야기하되 남들과 다른 색다른 관점을 제시하려는 욕심을 가지는 것이 좋다. 내게 굳이 특별한 아이디어가 있지 않아도, 다른 사람이 낸 좋은 아이디어에 내 생각을 덧붙이는 것도 좋은 토론의 자세다. 또한 자신의 아이디어를 조리 있고 구체적으로 형상화하여 전달할 수 있는 능력도 중요하다.

FGD 외에 고객 패널 활동의 '꽃'이라고 불리는 것은 현장의 제품 개발자·담당자들과 만나 특정 제품이나 아이디어에 대해 자유토론을 하는 워크숍이다. 코로나19로 인한 사회적 거리두기 때문에 아직 한 번도 개최하지 않았지만, 오리엔테이션 당시 보여준 1기

패널의 활동 자료 화면과 설명만으로도 많은 패널들을 설레게 했던 프로그램이다. 워크숍의 경우 전문 일러스트레이터가 동석하는데, 이들은 자문단이 기능이나 디자인에 대한 아이디어를 말하면 순발력 있는 스케치와 전개도로 사소한 아이디어도 즉석에서 구체화시켜 보여준다고 한다. 알고 보니 이는 실제 가전회사들에서 신사업 기획 시 사용하는 방법으로, 자신의 아이디어가 그 자리에서 구현되는 모습을 보면 짜릿한 성취감을 느끼지 않을 사람은 없을 것이다.

고객 패널은 LG전자에서 출시된 신제품을 실제로 집에서 사용해볼 수 있는 기회를 제공하는 '필드 테스트'에 지원할 수도 있다. 공기청정기나 건조기 같은 전자제품을 가정에 설치해주고 실제 일상에서 사용해본 소감과 의견을 듣기 위한 것으로, 관계자들이 직접 가정에 방문할 수도 있다. 필드 테스트는 모든 패널이 참여할 수 있는 것은 아니고 지원자 중 최종 낙점된 2~3인 정도만 기회를 얻을 수 있다.

활동에 비례해 커지는 보상

LG전자 신가전 고객 자문단으로 열심히 활동해보고 싶다면, 일단 시간이 좀 자유로운 것이 좋다. FGD나 워크숍, 필드 테스트 스케

줄 등은 제품별 개발팀의 일정에 따라 움직이므로 언제 공지되고 일정이 잡힐지 모른다. 한 달에 1~2회 정도로 개최되는 FGD의 경우에는, 온라인 화상회의 또는 소규모 그룹 토의로 운영하며 매 건당 10만 원의 활동비가 주어진다.

네이버 밴드(BAND)나 문자 공지를 통해 모집 인원과 날짜가 공지되면, 지원 자격을 검증하는 설문지를 작성해 제출하고 담당자가 이 중에서 적정 인원을 선발한다. 패널 수가 많기는 하지만 기회는 균등하게 한 달에 1회 정도는 주어지는 편이다. 이외 상품 개발을 위해 간단한 설문조사를 하기도 하는데, 난이도에 따라 3~4만 원의 활동비 또는 모바일 커피 상품권으로 수고비를 대신 한다. 10개월의 활동 기간 동안 매달 평균 10만 원 이상의 활동비와 모바일 쿠폰 2개 정도는 수령했던 것 같다.

기업 운영 고객 자문단

LG 신가전 고객 자문단

이름 그대로 신(新)가전을 모색하는 고객 자문단이다. 냉장고, 건조기, 스타일러, 무선청소기, 정수기, 펫 가전 등 일상에서 친숙한 가전 제품에 대한 아이디어를 제안하고 구체화하는 작업에 참여하게 된다. 화상으로 진행하는 인터뷰 및 간담회에 참석하거나, LG전자 본사에서 열리는 워크숍에 참가하거나, 제품을 직접 설치하고 사용해 보는 필드 테스트 등 활동이 다양하다.

- 모집 기간: 4월.
- 모집 인원: 40명(연임 없음).
- 선발 방법: LG전자 홈페이지(www.lge.co.kr)의 이벤트 게시판 내 지원양식을 다운로드하여 작성 후 이메일 접수.
- 활동 기간: 9개월.

삼성전자 영삼성 리포터즈

홈페이지(www.youngsamsung.com)에서 상시 지원 가능하며 국내 또는 해외에 거주 중인 대학생을 대상으로 한다. 삼성전자와 기업, 경제에 관한 내용을 이해한 뒤 대학생 특유의 젊은 감각과 독특한 시선, 통통 튀는 제작법으로 이를 알리는 콘텐츠를 만들어 정기적으로 제출하면 되는데, 콘텐츠 크리에이터로서 기사, 카드뉴스, 영상 등 본인이 잘할 수 있는 방법으로 활동하면 된다. 선정되면 6개월간 활동한다.

- 모집 기간: 상시.
- 선발 방법: 영삼성 홈페이지에서 지원 가능.

- 활동 기간: 6개월.
- 혜택: 최신 핸드폰 기기 및 촬영 보조장비 지급. 콘텐츠 제작비 또는 원고료를 지급하며, 활동 우수자에게는 해외 취재 기회를 제공한다.

현대자동차 H-ear 패널

온라인 오픈 커뮤니케이션 플랫폼으로 온라인에서 고객 의견과 제안을 듣고 상품과 서비스 개발에 반영한다는 취지다. 홈페이지(hear.hyundai.com)에서 누구나 가입할 수 있으며, 추가 정보를 입력해 '패널'이 되면 의견과 아이디어를 주고받는 공간인 '랩(Lab)'에 참여해 활동할 수 있다. '패널에게 묻습니다'와 같은 간단한 설문조사, 온라인 좌담회 등에 참석하면 포인트를 지급한다. 이외 아이디어를 내거나 다른 사람의 아이디어에 댓글을 달아 의견을 제시해도 포인트를 받을 수 있다.

활동 우수자 및 우수 아이디어 포상 등에 따라 모바일 음료 쿠폰 또는 1만~3만 포인트의 멤버십 캐시를 지급한다. 누적 포인트에 따라 부여하는 4개의 패널 등급(HELLO, ELITE, ACE, ROYAL) 중 ACE 등급이 되면 멤버십 카드를 발급해주는데, 패널 활동 중 쌓은 멤버십 캐시가 현금으로 전환되어 있는 충전식 선불카드라 결제 시 편리하게 사용할 수 있다. 신차 구매 또는 차량 수리를 계획하고 있는 사람일 경우 패널 등급을 높이면 구매 시 5퍼센트 내외의 할인 혜택 및 수리 공임비 할인 혜택을 받을 수도 있다.

살림의
고수

식품&화장품&생활용품 고객 모니터

$$$$$ ★★☆☆☆

예상 수입	5~10만 원. 활동비 외에 화장품이나 생활용품 같은 배보다 더 큰 배꼽 같은 선물이 쏠쏠하다.
장점	여성, 그중에서도 주부 및 대학생을 대놓고 편애한다.
단점	패널 간 경쟁과 열정 다툼이 치열하다. 어중간한 태도로는 튀기 힘들다.
지속가능성	실제 요리와 살림을 하는 주부라면 누구에게나 문이 열려 있고 실력을 발휘하기도 쉽다. 유용한 살림 용품을 받을 수 있다는 점도 좋지만, 프로페셔널한 주부로서의 자부심을 응원받는다는 점에서 의미를 찾는 이들이 많다.

친구의 냉장고는 늘 풀무원의 식품들로 가득 차 있었다. 집으로 돌아올 때면 '받은' 두부가 너무 많으니 가져가라며 가방에 몇 개씩 넣어줬고, 어느 날은 '받은' 국물떡볶이 레토르트를, 어떤 날은 박스째 '받은' 주스 한 병을 안겨줬다. 그렇게 받아온 제품이 맛있어서 다시 구매하려고 마트에 가보면 눈에 띄지 않았고, 잊을 만할 때쯤 마트의 시식 코너에서 '신제품'이라는 표시와 함께 절찬 판매하는 풍경을 목격하곤 했다. 내게 한껏 베푸는 '플렉스'를 부릴 수 있었던 나의 친구는 풀무원의 50기 주부모니터였던 것이다.

여성 특히 주부를 우대하여 모시는 패널 분야가 있다. 바로 여성들의 리그라고 할 수 있는 화장품이나 생활용품 분야다. 대한민국 여성 소비자들의 수준 높은 취향, 꼼꼼하고 체계적인 분석력 등은 이미 글로벌 회사들에서 엄지를 치켜들며 인정한 바다. 특히 화장품이나 생활용품, 식품, 홈쇼핑 업계에서는 이 프로 잔소리꾼들을 모셔다가 자발적으로 잔소리를 듣고 있다. 한마디로 상품 품평에 있어서는 대한민국 여성들을 따라갈 사람들이 없다는 얘긴데, 그러니 웬만한 각오와 결심으로 뛰어들었다가는 화들짝 놀랄 수도 있다.

단적인 예로 몇 년 전 국내 한 화장품 회사의 단기 품평단으로 활동한 적이 있었다. 첫 번째 과제는 출시 직전의 클렌징 제품을 사용해보고 그 효과 및 개선 의견을 말해 달라는 것이었는데, 나름 질감과 사용감, 세정력에 대한 분석을 꼼꼼히 해서 제출했다고 생각했는데 우수 품평자의 발표를 듣자니 입이 쩍 벌어졌다. 30대 주부였던 패널은 클렌저의 효과 측정을 위해 가벼운 화장부터 특수 분장 수준의 두꺼운 화장까지 총 10단계로 구분해 화장하고, 화장의 강도 및 사용 제품의 질감에 따라 세정력이나 마무리감이 어떻게 다른지 세세한 보고서를 작성했던 것이다. 그 동료 패널을 보며 한없는 경외심을 느꼈다. 뷰티에디터 출신에 화장품 관련 콘텐츠가 강한 잡지의 편집장 출신이라는 사실을 밝히기가 무안할 정도였다.

식품, 화장품, 홈쇼핑 등 각 영역별 특징

말발이나 파워포인트 숙련도 등이 중요한 여타 패널과 다른 점은 소위 주부 9단의 내공이면 된다는 것이다. 생활용품이 활약하는 주무대가 집 안이다 보니, 요리를 하거나 세탁을 하는 주부의 만족과 불만 사항을 듣는 것이 생활용품 회사들의 주목적이다. 화장품 패널의 경우는 조금 다른데, 표면적으로는 '상품 품평단'이지만 새로 나온 제품들을 블로그나 SNS 같은 개인 미디어 플랫폼을 이용해 홍보하는 역할도 겸하는 '신제품 구전단'으로서의 역할이 더 크다. 홈쇼핑 채널의 고객 패널은 방송 모니터링 및 상품의 시장성을 평가하는 MD 역할을 겸한다. 매월 주제별로 방송에 대한 리포트를 제출하고, 월 1~2회 정도의 간담회에 참석해야 한다. 리포트는 이미 방송한 홈쇼핑 프로그램에 대해 좋았던 점이나 개선점에 대한 의견을 제시하는 모니터링 역할을 한다. 간담회는 홈쇼핑 입점 또는 방송편성을 희망하는 상품에 대해 해당 상품이나 브랜드가 상당한 구매를 이끌어낼 만큼 매력적인 상품인지를 소비자의 입장에서 제시하는 의견을 듣는 자리다. 즉, 상품의 시장성에 대한 분석력, 해당 카테고리의 트렌드에 대한 이해 그리고 적당한 '글발'과 '말발'이 필요하다.

생활용품 패널이 되려면?

네이버나 다음 검색창에 '소비자 패널', '테스터 모집' 등의 키워드를 치면, 매달 업데이트 되는 패널 정보를 공유하는 카페들을 찾을 수 있다. 평균적으로 생활용품 패널을 모집하는 업체 리스트만 매달 40~50개 정도가 된다.

문제는 패널을 홍보 수단 및 상업적으로 이용하려는 곳들도 만만치 않게 많아서 매의 눈으로 거를 수 있어야 한다. 적어도 4기 이상의 패널제도를 꾸준히 운영해온 업체라면 안전하다. 신생 브랜드나 회사의 경우, 개인 미디어를 이용해 홍보 수단으로만 악용하려는 곳들이 많아서 주의해야 한다. 개인적으로는 블로그나 SNS 포스팅이 필수라 사생활 노출이 어느 정도 필수인 곳보다는 오프라인 정기 모임을 통해 상품 사용 소감을 직접 듣는 자리를 마련하는 식으로 패널을 운용하는 업체들을 신뢰하는 편이다. 화장품이나 생활용품 회사라면 신제품을 자주 출시하는 업종인지도 중요하다. 그만큼 자주 활동하고 신제품을 써볼 수 있으며 그에 따른 활동비도 늘어나기 때문이다.

식품회사

풀무원 주부모니터

53기 주부모니터가 활동 중일 만큼 역사가 있는 프로그램이다.

- 모집 대상: 만 25~49세의 자녀가 있는 전업주부. 서울·경기 지역 거주자로 본인 또는 가족이 풀무원 혹은 다른 식품회사와 관련 없어야 한다.
- 모집 기간: 6월 둘째 주(10일간).
- 선발 방법: 홈페이지(news.pulmuone.kr)의 주부모니터 공지 페이지에서 주부모니터 지원서 및 개인정보 동의서를 다운받아 작성 후 이메일로 제출한다.
- 활동 기간 및 혜택: 7월~12월(6개월간). 매월 두 번째, 네 번째 수요일 10시~13시에 정기 모임(서울 수서역 소재)에 참석해야 하며, 제품 사용성 및 관능 평가, 광고 모니터링 등에 대한 의견을 낸다. 활동비로 월 10만 원을 지급하며 풀무원 제품도 함께 발송한다.

샘표 소비자 패널

활동 기간은 길지만 비정기적이다. 패널 선발 시 웰컴포인트(샘표 마켓 포인트) 1만 원을 지급하며 본사 방문 조사 시 현금 3만 5,000원을, 가정 내 조사 시 샘표 마켓 포인트를 지급한다.

- 모집 대상: 서울 및 수도권, 영남에 거주하는 1961~1999년생 중 본인 또는 가족이 식품회사와 관련 없으며 동종업계 모니터 활동을 하지 않아야 한다.
- 모집 기간: 11월 말~12월 초(약 2주간).

- 선발 방법: 샘표 홈페이지(www.sempio.com) 내 소비자 패널 모집 공고에서 '패널 신청하기' 버튼을 누른 후 설문 형식의 지원서를 작성하고 제출한다.
- 활동 기간 및 활동: 1월~12월(1년간). 본사를 방문해 제품 콘셉트 및 맛 테스트를 하거나 좌담회 형식으로 주제에 대한 의견을 나눈다. 집으로 제품을 배송받고 사용한 후 온라인 설문 응답을 하는 조사도 병행한다.

오뚜기 주부모니터

주부만 대상으로 하며 제품 시식 평가 및 설문조사 등의 과제가 있다. 소정의 활동비와 제품을 제공한다.

- 모집 대상: 만 30~50세의 주부로 본인 또는 가족이 동종업계와 관련 없는 사람. 월 2회 모임(화요일 오전 시간대, 안양시 평촌동 소재 오뚜기 중앙연구소에서 실시)에 참석할 수 있으며 활발하게 SNS 활동을 하는 사람을 선정한다.
- 모집 기간: 모집공고 후~11월 말까지.
- 선발 방법: 1차 서류 전형(홈페이지에 모니터 지원서 및 제품 소견서, 개인정보처리 동의서를 다운받아 작성 후 이메일로 접수) 후 2차 관능 검사 실시 후 선발. 최종 합격자는 12월 중순 발표한다.
- 활동 기간 및 혜택: 1월~12월(1년간). 제품 시식 평가 및 설문조사, 온라인 과제, 블로그 포스팅 등을 하며 소정의 활동비 외에도 제품과 월간잡지를 제공한다.

화장품 및 생활용품 회사

LG생활건강 화장품 모니터요원

매월 12만 원 활동비와 모임 지원비, 시제품 및 신제품을 제공하며 우수 회원에게 소정의 제품을 매월 선물로 준다.

- 모집 대상: 화장품과 뷰티에 관심이 많은 사람. 달마다 3회 오프라인 정기 모임 참석 가능자.
- 모집 기간: 매해 2월 한 달간.
- 선발 방법: 엘슈머 홈페이지(lsumer.lgcare.com)에 방문해 회원가입 후 지원서를 작성하면 된다. 서류 및 면접 전형을 통해 최종 모니터 요원을 선발한다.
- 활동 기간 및 활동: 최소 6개월 이상. LG생활건강 화장품 품평 및 평가, 트렌드 조사 및 제품 사용 후기 작성 등 월별 과제가 주어진다.

이니스프리 그린프로슈머

13기째 운영 중인 화장품계에서 나름 자리 잡은 소비자 모니터링 프로그램이다.

- 모집 대상: 총 3개 그룹으로 주부(30~50대 여성), 대학생(20대 여성), 직장인(20~30대 여성)으로 선발한다. 월 1~2회 개최하는 정기 모임에 참여해야 한다.
- 모집 기간: 8월 중(약 17일간).
- 선발 방법: 홈페이지(www.innisfree.com)에서 신청서를 받은 후 이메일로 제출. 기초제품과 메이크업 부문을 구분해 지원하고 서

류 및 면접을 거쳐 최종 선발한다.

- 활동 기간 및 활동: 9월~다음 해 4월(8개월간). 이니스프리 본사에서 개최하는 오프라인 모임에서 제품 품평 및 설문조사, FGI(Focus Group Interview. 집단 심층면접) 활동을 수행하며 온라인 미션, 제품 네이밍 등 스팟성 과제도 주어진다. 월 모임 참석자에게 5만 원 상당의 주력 제품을 증정하고 교통비 및 식사를 지급하고 활동 수료증을 준다.

LION Best Living 생활전문가

손 세정제, 치약 등 생활용품으로 유명한 라이언의 소비자 모니터링 프로그램이다. 매월 소정의 활동비 및 활동 내용에 따른 추가 보상이 있다.

- 모집 대상: 만 25~48세의 전업주부. 매월 정기 모임(셋째 주 목요일)에 참가할 수 있어야 한다.
- 모집 기간: 4월 말~5월 초(2주간).
- 선발 방법: 홈페이지(www.lionkorea.co.kr)에서 회원가입 후 우측 상단 '생활전문가 모집공고'를 통해 지원한다. 서류 전형 및 면접 후 6월 초 합격자를 통보한다.
- 활동 기간 및 활동: 6월~11월까지 6개월간. 매월 1회 정기 모임 참석(서울 금천구 가산동 소재 연구소에서 실시)해서 가정에서 사용하는 제품을 품평한다.

가구회사

현대리바트 고객자문단

리바트 신제품의 시장성을 검증하고 매장 환경·서비스 관련 점검과
개선 활동을 한다.
- 모집 대상: 30~40대 여성, 서울 및 수도권 거주자 우대.
- 모집 기간: 11월 중순(2주간).
- 선발 방법: 홈페이지(www.hyundailivart.co.kr)의 고객자문단 페이지
  내 신청서를 작성한 후 제출한다.
- 활동 기간 및 혜택: 12월~다음 해 10월(11개월간). 활동 참여 및 수
  행 역량에 따라 차등적인 혜택을 제공한다. 1인 연간 최대 120만
  원 활동비 지급.

홈쇼핑

롯데홈쇼핑

설문조사 및 모니터링, SNS 홍보 등을 담당하는 온라인 평가단과 정
기 간담회에 참석하고 신상품을 평가하는 오프라인 평가단을 함께
선발한다.
- 모집 대상: 만 20~50세 고객 중 온라인 커뮤니티, SNS 활동을 잘
  하는 사람.

- 모집 기간: 7월 마지막 주(10일간).
- 선발 방법: 서류 및 면접 심사 후 8월 말 발표한다. 개인정보수집 이용 동의서, 지원서, 제안서 등을 다운받아 이메일로 제출.
- 활동 기간 및 혜택: 9월~다음 해 8월(1년간). 온라인 평가단의 경우 총 93명을 선발하며 활동비로 월 4만 원(기본+추가)을, 분기별 우수 활동자는 10만 원을 포상한다. 오프라인 평가단은 총 7명을 선발하며 기본 활동비 30만 원에 쇼핑 지원금 20만 원, 그 외 신상품 체험 및 방송 상품 추가 할인 혜택을 제공한다.

현대홈쇼핑 고객모니터

방송·상품·서비스 모니터링 및 아이디어를 제안하는 것이 주요 역할이다. 온라인으로 활동하는 고객평가단과 오프라인으로 활동하는 고객모니터 두 그룹으로 운영한다. 고객모니터의 경우 월 70만 원 상당의 활동비와 직원 할인 혜택도 제공한다.

- 모집 대상: 전업주부.
- 모집 기간: 2월 중(약 20일간).
- 선발 방법: 현대홈쇼핑 홈페이지(www.hyundaihmall.com)의 모집공고에서 지원서와 자기소개서, 방송모니터링 양식을 다운받아 제출하고 고객서비스 또는 모바일 개선 제안 사항 등을 파워포인트 형식으로 제출한다. 서류 전형과 면접을 거쳐 최종 선발.
- 활동 기간 및 혜택: 3월~다음 해 2월 말(1년간). 고객모니터는 고객평가단 활동 관리 및 서포터 역할을 하면서 방송·상품·서비스에 대한 아이디어를 제안한다. 월 1~2회 간담회 및 미팅에 참석하며 매월 활동비로 현금 50만 원과 H포인트 20만 원을 제공한다.

금융계 패널

한 달에 십여만 원 더 버는 걸로 행복해진다는 건 거짓말이다.
하지만 비참함을 몰아낼 수는 있다.

신용카드사와 은행의 고객 패널 활동 경력 2년 차로서 감사한 것은 크게 두 가지다. 첫째는 금융계 패널로서 받는 꽤 두둑한 활동비다. 소소하게 돈을 벌다 보면 소비하는 데는 늘 쩨쩨해지지만, 나도 가끔 '탕진'의 일탈을 누릴 때가 있으니 바로 고객 패널 활동비가 들어오는 날. 이날이 되면 그 옛날 월급날처럼 설렌다. 2020년 한 해를 두고 봤을 때 푼돈 사냥꾼으로서 총액의 무려 60퍼센트 정도가 삼성카드, 우리은행의 금융계 패널 활동비로 채워졌다. 일단 발탁되기만 하면 평균 10개월 이상의 활동 기간 동안 매월 최소 30만 원 이상의 고정 수입이 생기는데, 월급이란 게 없는 프리랜서의 삶에서 고정 수입은 상당히 중요한 의미다. 결국 푼돈 사냥꾼이 되기로 마음먹었다면 적어도 하나 이상의 금융계 패널 자리는 필수적으로 꿰차야 한다는 얘기다.

두 번째로 감사한 것은 전보다 든든하게 쌓인 금융 지식이다. 이 나이 먹도록 재테크는 늘 어려웠고 돈 굴리고 투자하는 주제의 대화에서 나는 늘 아마추어였다. 주식과 펀드를 구분하지 못했고 신용카드는 잘 긁어댔지만 내역서를 들여다본 적은 없었다. 하지만 지금은 다르다. 신용카드 이용 금액을 결제할 때 적어도 세 가지 이상의 결제법을 선택적으로 적용할 줄 알며, 예전에는 귓등으로 흘려들었던 연금저축펀드나 직장인 대출 같은 것들에 대해서 조언을 해줄 수 있는 위치로 승격했다고나 할까.

이처럼 물질적, 지식적으로 유용한 고객 패널 활동은 직장생활을 할 때와 비슷한 점이 많다. 매달 주어진 과제를 성실하게 해서 결과물을 만드는 '근무 태도'가 중요하고, 동료 패널들과 비교해서 매번 평타 이상의 '성과'를 보여줘야 한다. 특히 '이달의 사원'처럼 우수 패널로 선정되는 일에 전력할 필요가 있다. 우수 패널의 경우에는 인센티브 외에 활동 종료 시에 별도 시상을 통해 상품이나 상금을 받을 수 있고, 무엇보다 활동 기간 종료 후에 '연임'할 수 있는 자격이 주어진다. 고객 패널은 최초 발탁이 어렵고 재선임되는 것도 어렵다. 또한 각 회사마다 패널 운영 방식이 다르므로 일단 자신과 잘 맞고 익숙한 환경에서 제 실력을 발휘하는 것이 쉽다. 일단 패널이 되었다면 목표는 연임이며, 그러기 위해 최선을 다할 필요가 있다.

금융계 패널로 입문하는 데 필요한 기술은 파워포인트 사용 능력이긴 하다. 다른 패널들이 만든 파워포인트 자료를 보면 입이 쩍 벌어진다. 2년 전 첫 번째 고객 패널 과제 발표회에서 나 또한 그랬다. 하지만 파워포인트는 '그림 그리기'와 비슷해서 좋은 샘플을 보고 흉내 내다보면 금세 익숙해지고 실력이 일취월장한다. 그리고 엑셀 표식이나 그래프보다 중요한 것은 '내용'이라는 사실을 깨닫게 된다. 자료가 많다고 좋은 것도 아니고, 아이디어만 좋다고 해서 정답이 아니다. 나만의 생각이 잘 보이게 디자인하고 설득력 있게 어필해야 한다.

패널 활동을 잘해내기 위한 나만의 비결이라면 예전 잡지사 에디터 시절 기사 마감을 하듯이 과제를 대하는 것이다. 기사 배당을 받고 나면 그 순간부터 매일 꾸준히 자료를 모아야 한다. 참고하고 분석할 자료가 많을수록 할 얘기가 많아지고 기사의 깊이가 달라진다. 가끔 마감이 닥쳐서야 급히 자료를 찾는 경우도 있었는데 그러면 기사의 완성도에서부터 문제가 생긴다. 금융 패널의 과제는 주제 자체가 어려운 경우가 많고, 경쟁업체와의 비교가 필수라서 경험하고 수집해야 할 자료의 양이 많다. 따라서 과제가 주어지면 게으름 부리지 않고 매일 조금씩 경험하며 자료를 수집하는 것이 좋다.

우수 패널로 선정될 수 있느냐의 핵심 키는 얼마나 신선하고 실효성 있는 아이디어를 낼 수 있느냐에 달려 있다. 해당 과제를 내준 사람들, 즉 현업 부서의 담당자 입장에서 그 고충을 이해하고 도움을 주겠다는 태도로 임하는 게 중요하다. 기발한 아이디어라고 해도 실무자 입장에서 현실적으로 실행 불가능한 아이디어는 없는만 못하다. 고객 패널제도는 소비자의 목소리를 듣기 위한 자리지만, 무조건 소비자의 입장만 고집하지 않는다는 열린 시선이 중요하다.

카드계
타짜들만 모십니다

신용카드사 고객 패널

$$$$⑤ ★★★★☆

예상 수입	월 기본 활동비 30만 원++
장점	최장 10개월까지 장기간 운영되므로 꽤 두둑한 금액의 돈을 월급처럼 수령할 수 있다. 우수 발표자에게 추가로 주어지는 인센티브, 수시로 열리는 FGD나 좌담회에 참석하는 달이라면 월 최대 50만 원 안팎의 수입도 가능하다.
단점	과제 주제가 생각보다 어렵고 전문적이다. 어려운 금융, 기술 용어도 많고 해당 카드사가 아닌 경쟁사 상품과의 비교 작업이 필수라 이것저것 조사할 것이 많다. 당연히 작성해야 할 파워포인트 구성도 복잡해지고 페이지 수도 꽤 된다. 고객 패널계의 꽃이라고 할 정도로 고수들이 상당수 포진해 있는 영역이다. 최초 발탁이 어렵고 워낙 베테랑들이 많다 보니 신규 패널이 기존 패널을 밀어내고 연임하기가 힘들다. 실제 운영 인원의 절반 또는 그 이하만 새로 모집하는 경우가 많다.
지속가능성	각 카드사마다 패널에 대한 대우가 좋고 여타 다른 분야의 고객 패널에 지원할 때도 카드사 패널 출신을 우대하는 만큼 한번쯤 도전할 만하다. 열심히 활동해서 다음 해에도 '연임'하는 것이 가장 좋은 시나리오다.

2018년 12월. 나는 플로리다의 외딴 시골 마을에서 평화롭고 지루하게 장기체류 중이었다. 선뜻 방 한 칸을 내준 지인은 너무 바빴다. 그를 제외하고는 아는 이 하나 없던 그곳에서 너무나 무료했던 나머지 핸드폰 속 모바일앱을 하나하나 열어보기 시작했고, 그중 하나카드 앱에서 '하나카드 고객 패널 모집'이라는 공고를 발견했다. 나를 사로잡은 문구는 일단 고객 패널로 선정되면 월 1회 주어진 과제를 제출하고 간담회에 참석하면 다달이 패널 활동비로 30만 원씩을 지급한다는 것이었다.

'한 달에 무려 30만 원이라니!' 당시 50원 많으면 700원짜리 설문앱 보수에 익숙해 있던 내게 꽤나 거금이었다(현재는 과제 제출 시 20만 원, 우수 과제로 선발된 패널에 한해 본사 간담회 참석 시 10만 원을 더 지급하는 것으로 바뀌었다). 이런 눈먼 돈은 내가 챙겨야지, 쾌재를 불렀지만 지원 과정부터 만만치 않았다.

당시 주제는 '디지털 트랜스포메이션 시대에 카드사를 위한 제언'이었던 것 같은데, 언뜻 무슨 말인지 도저히 알 수 없었던 이 주제를 두고 파워포인트 10장 내외로 작성해 제출하라니, 그냥 시작도 전에 포기하고 싶은 마음이 앞섰다. 게다가 당시 있던 곳은 디지털 시대와는 한창 멀리 떨어져 있는 것 같은 플로리다의 시골 마을 아니었던가. 눈부신 햇살에 계속 흩어지려는 현실 감각을 붙잡고 여행용으로 갖고 온 작은 노트북을 붙들고 꼬박 일주일을 고민해 마감 하루 전날 과제를 제출했다. 지금 생각해보면 각종 참고 자료를 뒤져 현실적이고 이성적인 제언을 하기보다, 막막한 상황에 상상력을 마구 발휘해서 정리해낸 그 제언들이 패널 경험이 전무함에도 불구하고 발탁된 비결이 아닌가 싶다.

여행에서 돌아온 후 블로그에서 신용카드사의 패널 경험담을 찾아보니 예사롭지 않았다. 패널 중에서 나 같은 '초짜'는 거의 없고, 이전에 자동차, 은행, 식품회사 등의 패널 경력이 있는 이들로 선발된다는 것이다. 지원서 마감 후 2주가 지나 1차 합격자 발표 날짜가 가까워올수록 자신이 없어졌다. 그리고 마침내 1차 서류 합격자 발표 날. 해 질 무렵까지 연락이 없어서 떨어졌나보다 하고 볼일을 보러 나가는 길에, 버스 안에서 1차 합격 문자를 받았다. 무척 흥분한 나머지 원래 내려야 할 정류장보다 하나 앞서 내렸을 만큼 기뻤다.

이틀 후로 심층면접이 잡혔는데, 면접자로 살 떨리는 면접을 본 건 기억도 안 나는 20여 년 전 일이라 무척 긴장했다. 4명의 실무 면접관과 4명의 지원자가 함께하는 대면 심층면접은 그야말로 '심층면접'이었다. 그냥 지원 동기나 경력 정도를 물어볼 줄 알았는데, 과제로 제출한 디지털플랫폼 관련 제언의 당위성을 묻는 날카

로운 질문들이 이어졌다. 2주 전에 허겁지겁 제출한 과제의 내용이 머릿속에 제대로 남아 있을 리 없었다.

무슨 대답을 했는지, 어떻게 지나갔는지도 모르겠다. 심층면접 직전 대기실에서 알게 된 경쟁자들의 화려한 '패널 스펙' 때문에 마음이 조급해진 나는 마지막으로 하고 싶은 얘기가 있느냐는 면접관의 말에 "꼭 해보고 싶으니 뽑아 달라"고 좀 질척거렸다. 그리고 그 때문에 한동안 방구석에 머리를 묻어야 했다. 다행히 일주일 후 패널로 선발되었다는 연락이 왔다.

소비자 패널이 하는 일

매달 주어지는 과제는 카드사 여러 부서 담당자들의 요청에 따라 정해지는 것이 많다. 대부분 카드 상품이나 제공 서비스를 평가하는 내용이다. 이때 경쟁사들의 상품과 비교해보는 것은 당연한 옵션이다. 과제는 파워포인트 형식으로 제출하며 분량 제한이 없다고는 하지만 내 경험상 너무 짧아도, 지나치게 길어도 문제가 된다.

하나카드와 삼성카드 패널로 활동해본 결과, 우수 과제는 독특한 관점으로 상품을 분석하고 문제점을 찾아내며 이전에 없었던 창의적인 제안을 했느냐로 선발된다. 카드사의 상품이나 프로세스를 가장 잘 이해하는 사람들은 다름 아닌 담당자들이다. 따라서 누구나 지적할 수 있는 일반적인 오류나 선호도보다는 예상치 못했던 뜻밖의 지적이나 색다른 관점에서의 참신한 아이디어에 손을 들 수밖에 없다. 따라서 현황 및 문제 분석보다는 해결책 및 새로운 아이디어 제안 부분에 더 힘을 쏟는 것이 좋다.

그리고 그 출발점은 철저하게 '사용자 관점'이어야 한다. 예컨대 카드 회사의 상품 소개글이나 카탈로그는 글 자체가 어렵거나 문어체가 많고 디자인상 잘 안 읽힌다. 나는 딱딱하고 어려운 내용을 잡지의 헤드라인처럼 재치 있게 요약하고, 이해하기 쉬우면서도 간략하게 풀어쓰는 글의 예시를 보여주었다. 단순히 문제를 지적하기보다는 개선 방향이나 구체적으로 개선된 후의 모습을 보여주는 것이 훨씬 설득력 있기 마련이다.

또한 내 경우에는 1인 가구이자 개인사업자라는 나만의 라이프스타일을 반영한 상품 분석을 즐겨했는데 이 점이 꽤 유효했던 것 같다. 한 번은 VIP 고객에게 제공되는 혜택 및 서비스를 점검하라는 과제가 주어졌는데, 나를 포함해 주변에 싱글인 지인 여럿을 인터뷰해서 그들만의 여가와 은퇴 계획, 관심사를 분석해 제출했다. 카드 시장 내에서도 1인 가구의 영향력이 커지고 있는 만큼, 확실히 아는 분야를 파고든 깊이 있는 분석이 실무자에게도 더 매력 있을 거라는 평가자 공략 계획은 대개 성공하곤 했다.

원래 프레젠테이션을 위한 파워포인트의 경우에는 전체적인 맥락이나 설득력 있는 전개가 중요하다. 하지만 고객 패널의 세계에서는 알아보기 쉬운 단정한 디자인에, 화면이 내용으로 성실하게 꽉 차 보이는 쪽에 손을 들어주는 것 같다. 내용에 특별할 게 없다면, 엑셀로 일차원적인 표라도 만들어서 화면을 빼곡히 채우는 성의라도 보여줄 것을 권한다.

현재 패널로 활동 중인 삼성카드의 경우 매달 과제를 수행하고 나면, 두 달에 한 번은 대표이사 주재 하에 임원 및 실무자, 소비자보호원 관계자 그리고 고객 패널 전원이 참석하는 '소비자보호위원회'를 개최한다. 우수 과제 제출자들이 과제 결과물을 발표하고 현업 담당자들과 자유토론을 벌이는데, 개인적으로 무척 좋아하는 상견례 장이다. 왜냐하면 과제와 관련해 족집게 과외를 받는 듯 이해하기 어려웠던 부분의 제대로 된 해답을 들을 수 있고, 신용카드와 관련한 실질적 상식이 늘어나는 학습 토론의 장이 되기 때문이다. 우수 과제 선정자들이 제출한 파워포인트를 보며 '다음에는 나도 잘해보리라'고 다짐하기도 하고, 온라인으로만 소통하던 다른 패널들의 성향을 파악할 수 있다는 점도 재미있는 포인트다.

매월 선발하는 우수 패널로 선정되면 좋은 점은 크게 두 가지다. 고정 활동비 외에 5~10만 원의 추가 포상을 받을 수 있으며, 발표 및 자유토론에서 뛰어난 활약을 보인다면 다음 해에 연임할 수 있는 가능성이 높아진다.

결론적으로 신용카드사 고객 패널은 평상시 똑똑한 소비자를 자처하고, 파워포인트 프로그램을 편하게 다루며, 토론하는 것에 대한 두려움이 없다면 놓쳐서는 안 될 '매월 돈 벌기' 프로젝트다. 리서치나 앱테크 같은 푼돈벌이에 비해 30~50만 원대 보상으로 벌이가 좋고, 일단 선발되면 최소 6개월에서 최대 11개월까지 꽤 안정적인 수입원을 확보한다는 점에서 월급 같은 만족감을 얻을 수 있다. 그리고 생각 없이 사용하기 쉬운 신용카드의 숨겨진 혜택이나 금융상품에 대한 지식들을 쌓을 수 있어 앞으로 스마트한 금융 라이프를 영위하는 데 상당한 도움이 된다.

두 군데 신용카드사를 경험해본 바, 패널제도는 회사의 경영진이 얼마나 많은 관심을 갖고 전폭적으로 지원해주는가에 따라서 그 대우나 만족도가 달라진다. 그리고 이런 곳에서 활동하는 패널계 고수들과의 경쟁을 통해 단기간에 실력을 키울 수 있다. 생애 첫 패널 도전이라면 가능한 역사가 오래되고 규모 있게 운영하는 곳에 도전해볼 것을 권한다.

추천하는 신용카드사별 고객 패널제도

삼성카드 CS패널

2020년 현재 24번째 CS패널을 맞아 운영 중이다. 매월 30만 원씩 지원하며, 소비자보호위원회에서 발표할 기회를 갖는 우수 과제 제출 패널에게는 50만 원을 지급한다. 정기 과제 외에 수시로 좌담회를 개최하며(참석 시 10만 원 교통비 지급), 수시로 패널을 위한 서프라이즈 이벤트를 마련하는 등의 노련한 배려로 카드사 소비자 패널들 사이에서 덕망이 높다.

- 모집 기간: 매해 12월 말~1월 중순(3주간).
- 선발 방법: 홈페이지에서 CS패널 지원서 및 사전 과제 제출. 1차 서류 전형을 거쳐 1월 중 면접을 보고 1월 마지막 주에 최종 선발한다.
- 활동 기간 및 활동: 2월~11월까지 약 10개월. 매월 1회 활동보고서를 제출하고 격월로 소비자보호위원회에 참석한다.

신한카드 딥 웨이브 패널

월 30만 원 활동 감사비와 오프라인 모임 시 교통비 지급. 유일하게 정기 모임을 오후 7시 이후에 개최하는 곳이라 직장인들도 참석 가능하다.

- 모집 기간: 1월 중.
- 선발 방법: 홈페이지 고객 패널 공지에서 지원서류(지원서, 개인정보제공 동의서)를 다운받은 후 담당자 이메일로 송고.
- 활동 기간 및 활동: 3월~12월(10개월간).

신한카드 온라인 고객 패널

선정 시 온라인상품권을 증정하며, 온라인 패널 대상 인터뷰와 미션을 달성할 때마다 신한 포인트를 증정한다. 포인트는 현금으로 받거나 청구대금이나 연회비 결제 시 현금처럼 사용할 수 있다. 물론 항공사 마일리지로 전환해 사용할 수도 있다.

- 모집 기간: 3월(2020년에는 5월에 모집했다).
- 선발 방법: 홈페이지 또는 모바일앱의 'POLL' 공지에서 온라인 고객 패널 지원 여부를 물은 후 신청자에 한해 선정한다.
- 활동 기간: 3월~12월(10개월간).

KB국민카드 고객 패널

기존에 온라인 고객 자문단 운영을 통해 홈페이지나 앱에서 설문조사를 실시하던 KB국민카드는 2020년부터 오프라인 고객 패널제도를 운영한다. 정기 활동비 30만 원에 수시 활동비 10~20만 원을 지급한다. 과제는 매월 제출하나 정기 간담회는 4회만 참석하면 된다.

- 모집 기간: 2월 중.
- 선발 방법: 세 가지 선택 과제 중 한 가지 주제를 택하여 파워포인트 10장 내외의 사전 과제와 1개의 자유 과제 등 총 2개의 과제를 제출한다. 분량 면에서 가장 난이도가 있는 편이다.
- 활동 기간: 3월~12월(10개월간).

하나카드 고객 패널

매월 과제 제출 시 20만 원 활동비 지급. 과제 중 선별한 우수 패널만 간담회에 참석하며 인센티브 10만 원을 지급한다.

- 모집 기간: 매해 1월, 약 3주간 모집.

- 선발 방법: 홈페이지 또는 모바일앱에서 고객 패널 지원서 및 사전 과제, 개인정보제공 동의서 등을 제출. 1차 서류 전형을 거쳐 심층면접을 본 후 최종 선발한다.
- 활동 기간 및 활동: 2월~11월(10개월간). 매월 1회 부여되는 과제에 대한 파워포인트 형식의 보고서를 제출하고 간담회에 참석한다.

BC카드 네비게이터

매월 30만 원을 지급하며 우수 패널 인센티브를 준다. 또한 좌담회 참석, 추가 과제 등에 따른 별도 비용을 지급한다. 타 카드사 중복 패널 활동을 금지하며, 최근에는 모바일 간편결제 이용 경험 및 관심이 높은 사람이어야 한다는 항목을 추가했다. 지원서에 활동 중인 SNS 주소를 적어내도록 했으며 SNS 활동이 활발한 사람들을 선호한다.
- 모집 기간: 1월 중순~1월 말까지 약 2주간.
- 선발 방법: 1차 서류 접수 및 심사, 2차 합격자 개별 인터뷰.
- 활동 기간: 3월~12월(10개월간).

우리카드 고객 패널

정기 활동비 30만 원을 주고 정기 토론회 및 수시 패널 활동 시 수시 활동비 10~20만 원을 추가 지급한다. 고령인, 장애인, 외국인 등 금융취약계층을 적극 선발할 예정이라고 밝힌 것이 특징이다.
- 모집 기간: 1월 중.
- 선발 방법: 홈페이지의 우리카드센터〉우리뉴스〉새소식 메뉴에서 모집 요강을 확인할 수 있다. 고객 패널 담당자 이메일로 고객

패널 지원서, 개인정보제공 동의서를 제출하면 서류 전형 후 그룹 인터뷰를 통해 선발한다.

- 활동 기간: 3월~12월(10개월간).

프로 잔소리꾼으로
귀하게 모십니다

은행 고객 패널

$$$$$ ★★★★☆

예상 수입　　은행별로 상이하며 월 최소 15~40만 원.

장점　　　　주거래 은행이라면 패널 활동을 하면서 실질적으로 이득이 되는 상품 등을 활용할 수 있다. NH농협은행의 경우 패널 활동 시 골드 등급의 고객 지위를 부여해 은행 거래 시 각종 혜택을 누릴 수 있다.

단점　　　　상품 및 서비스 체험 과제가 주어질 경우 직접 해당 상품을 가입하거나 은행 매장을 방문해야 하는 등 수행 난이도가 높은 편이다.

지속가능성　세상은 넓고 은행은 많다. 고객 패널 세계에서도 비교적 난이도가 있다고 평가하는 은행 계열의 패널 경력을 제대로 쌓아두면, 다음에 다른 은행 또는 신용카드사의 패널로 선발될 확률이 높아진다. 은행권의 경우 다양한 연령대 및 직업군을 선호하여 대학생은 물론 60대 고객 패널도 환영하는 분위기다. 고객 패널의 활동 연령 면에서 가장 유연함을 자랑한다.

코로나19 당시, 기업의 홍보 마케팅 예산에 기대어 매출을 만드는 나의 회사는 불황의 여파를 직격탄으로 맞았다. 꽤 오래 일하던 대기업과의 거래가 끊어졌고, 기업들의 투자 심리가 꽁꽁 얼어붙은 상황에서는 새로운 프로젝트를 제안하기도 어려웠다. 수입이 줄어든 상황에서 제아무리 숨만 쉬고 살겠다고 해도 생활비로 쓸 돈은 필요했다. 자꾸 어두워지는 마음을 들여다보기만 하는 대신 적극적으로 상황을 타개해보기로 했다. 본업이 없다면 이전까지 부수적인 돈벌이 수단으로 생각해왔던 푼돈 사냥꾼으로서의 수입을 2배로 높여보면 되지 않겠는가. 지난해에는 신용카드 회사 단 한 곳의 고객 패널을 하면서도 힘들어했던 주제에, 나는 다른 장르의 패널 몇 곳에서 목표를 실현해보기로 했다. 고객 패널로서 상도덕은 동종 업계의 패널을 겹쳐서 활동하지 않는다는 것이기에, 신용카드 업계와는 다른 장르를 찾아보기로 했다.

노는 물이라는 게 있다. 그 물 언저리에 있는 사람은 무한한 정보를 접할 수 있지만, 밖에 있는 사람은 작은 실마리조차 얻을 수 없을 때가 많다. 소비자 패널들이 노는 물이 딱 그랬다. 처음 하나카드 패널로 소비자 패널'계'에 입성했을 때 같은 기수의 다른 패널들이 던진 질문은 '어떻게 알고 지원했느냐'는 거였다. 나처럼 우연히 모집공고를 봤다는 사람은 거의 없었고, 대부분 현직 패널이 귀띔해줬거나 '카페'에 뜬 글을 보고 왔다는 사람들이었다.

　이쯤해서 '카페'라는 판도라의 상자를 소개하겠다. 다음, 네이버 카페 중에는 소비자 패널, 공모전, 모집공고, 이벤트 등의 정보를 모아 게재하는 곳들이 매우 많다. 카페 메뉴의 검색창에 '공모전', '소비자 패널' 등의 키워드를 넣으면 쉽게 찾아낼 수 있으며, 가능하면 회원수가 많은 카페를 골라 간단한 승인 절차를 거치면 가입 완료. 회원이 되면 누구나 카페 게시물을 볼 수 있다. 그중 대표적인 곳이 하나카드 패널로 만났던 어느 베테랑이 추천한 네이버 카페의 '스마트 홈워킹[모니터/서포터즈/체험단 정보 저장소]'였다. 이런 카페의 장점은 매월 초에 그달의 돈 되는 일거리들을 취합해, 대학생/일반인/주부 등 모집 대상별로 알려준다는 거다.

주거래 은행 고객 패널에 도전하다

소비자 패널 카페를 수시로 들락거리며 새로운 포스팅을 꼼꼼히 읽었다. 그리고 우리은행이 그들의 첫 번째 고객 패널제도를 도입해 제1기인 '우리 팬 리포터'를 선발한다는 공고를 찾아냈다. 이전까지 대학생 홍보단 외에 고객 패널제도는 시행한 적이 없던 곳이라, 유연하게 운영하기 위해서는 이전에 패널 경험이 있는 사람을 선호하지 않을까 하는 생각에 이를 장점으로 어필해보기로 했다.

당시 은행권에는 고객 중심의 의사결정과 소비자보호 활동을 강화하라는 금융감독원의 지침이 내려진 상태였다. 이에 기존에 소비자 패널제도를 운영하고 있던 KB국민은행 등은 패널의 규모 및 운영을 강화하고, 이전에 패널제도가 없었던 우리은행 같은 곳은 호기 있게 신설하는 분위기였다.

은행 입장에서는 상품과 서비스를 경험하는 소비자의 입장에서 들려주는 생생한 비판의 소리를 듣고 실제 업무 개선에 반영해서 좋고, 저금리 시대에 점점 그 인기가 하락하는 은행과 금융상품에 대한 고객들의 관심을 환기할 수 있다. 반면 고객 패널 입장에서는 빠르게 바뀌는 금융 트렌드를 남보다 먼저 알 수 있고, 재테크나 금융에 대한 실질적인 정보 수준을 높이는 계기가 된다.

눈높이를 낮추면 생각보다 쉬운 은행 패널이 되는 길

소위 제1금융권이라고 불리는 대표 은행들 외에, 제2금융권 및 저축은행 중에도 고객 패널제도를 운영하는 곳이 있으므로 신용카드사보다 지원할 수 있는 기회가 많다. 특히 서울 및 수도권에 집중되어 있는 다른 여타 패널 모임에서 소외되었던 지방 거주자라면 BNK부산은행, BNK경남은행, DGB대구은행 등 지역의 대표 은행들도 고객 패널제도를 운영하고 있으니 참고하자.

연령 및 경력 요건은 따로 없으며, 본인이나 가족이 해당 금융사의 상품 또는 카드를 이용하고 있는 실제 '고객'이면 된다. 내가 활동했던 우리은행의 우리 팬 리포터 1기에는 자녀의 결혼 준비를 하며 처음으로 은행 문을 두드렸다는 60대 '언니'부터, 대학생 때 은행 홍보대사를 했다는 사회초년생, 현직 직장인 등 다양한 연령과 직업군의 사람들이 모여 활동했다.

과제는 디지털 시대의 다양한 플랫폼별 서비스를 경험하는 것부터 연금저축이나 방카슈랑스(은행에서 판매하는 보험) 같은 실제 상품의 매력도 및 가입 프로세스 경험 등 주제가 다채롭게 주어진다. 매월 과제는 이메일이나 단체 채팅방, 전용 페이지를 통해 공유하며 파워포인트로 제출한다. 이후 한 달에 한 번 현업 담당자와 고객 패널들이 참석하는 간담회를 개최하고, 심사를 통해 선발된 우수 과제 수행자들이 과제 내용을 발표한다. 이후 현업 담당자들과 해당 내용을 공유하고 토론하는 자리도 마련된다. 고객 패널 경험이 2년 정도로 아직 일천하기는 하지만, 신용카드사에 비해 은행권의 간담회 분위기가 좀 더 절차에 충실하고 경직된 분위기라는 차이는 확실히 느껴졌다. 실제로 패널 활동에서 나온 의견이 채택되고, 현업 업무나 상품 등에 반영될 가능성도 신용카드사 쪽이 훨씬 높은 편이라고 한다.

활동비의 경우 우리 팬 리포터는 제출 과제를 평가해 3등급으로 나누고, 이에 따라 활동비를 15~30만 원으로 차등 지급하고 있다. 하지만 그 외의 은행은 과제 제출 및 패널 모임 참석이라는 기본 요건을 충족하면 활동비를 동일하게 지급하며, 우수 발표자에게는 인센티브를 제공하는 식으로 운영한다. 원칙적으로는 해당 은행에 계좌를 갖고 있는 고객이 아니어도 선발될 수 있다. 하지만 과제 수행에 필수적인 모바일앱·홈페이지 회원가입을 위해서는 계좌 정보가 필요하고, 이용 환경에 익숙한 만큼 다양한 의견을 낼 수 있으므로 주거래 은행의 패널이 되는 것이 유리하다.

추천하는 은행사별 고객 패널제도

KB국민팬슈머

온라인 설문조사 참여 시 멤버십 포인트를 제공하는 '국민팬슈머'와 서비스 체험, 과제 제출, FGI 등 추가 활동을 수행하면 활동비와 인센티브를 받을 수 있는 '국민팬슈머 리더'로 분리해 운영한다. 30명을 선발하는 국민팬슈머 리더의 경우 과제 제출 시 활동비 5~20만 원을 차등 지급하며 FGI 참석 시 자문료 10만 원을 지급한다.

- 모집 기간: 2월 말~3월 초.
- 선발 방법: 1,000명의 국민팬슈머를 선발한 후, 이 중 추후 지원서를 받아 국민팬슈머 리더를 선발한다는 점이 특징이다. KB국민은행 홈페이지의 이벤트존 또는 고객센터 메뉴 내 이벤트에서 신청할 수 있다.
- 활동 기간: 4월~11월(8개월간).

신한은행 신한 파이오니어 고객 자문단

연간 활동비로 백화점상품권 50만 원을 지급한다. 과제 제출 및 오프라인 모임 참석자에 한하며, 활동 및 제안 우수자에게 별도의 인센티브를 제공한다. 지역, 나이, 성별 등을 고려해 고루 선발하는 것이 특징이다.

- 모집 기간: 4월 중.
- 선발 방법: 페이스북 등 SNS를 이용해 지원 관련 상세 내용이 담긴 웹페이지 주소를 공유한다. 해당 웹페이지에서 지원 양식을 다운받아 작성하고 담당자 이메일로 접수한다.

- 활동 기간: 5월~11월(7개월간).

우리은행 우리 팬 리포터

이전까지 '디지털 고객 자문단'을 운영했으나, 온라인은 물론 오프라인 전 상품 및 서비스로 고객 의견 반영 범위를 넓히기 위해 신설한 고객 패널제도다. 과제 제출 시 활동 우수자에게는 활동비 20만 원을, 나머지 등급자에는 15만 원, 10만 원 등으로 차등 지급한다. 상품 관련 간담회인 오프라인 FGD 참석 시 자문료 10만 원을 준다. 총 3회의 오프라인 과제 보고서 제출 외에 패널 홈페이지를 통해 수시로 의견을 제시할 수 있다.

- 모집 기간: 5월 중.
- 선발 방법: 우리 팬 홈페이지(wooripanel.kcr.or.kr)에서 지원양식을 다운로드 후 이메일로 접수. 1차 서류 심사 후 2차 개별면접을 진행한다.
- 활동 기간: 6월~12월(7개월간).

BNK경남은행 고객 패널

매월 활동비로 25만 원 지급하며 모집 인원은 15명 이내다. 경남, 울산, 부산 거주 고객을 우선하며 분기별 1회 정도 오프라인 모임을 가진다.

- 모집 기간: 4월 첫째 주~셋째 주(약 3주간).
- 선발 방법: 지원서를 다운받아 작성 후 이메일로 제출. 1차 서류 심사, 2차 면접 인터뷰로 진행한다.
- 활동 기간: 5월~12월(8개월간).

BNK부산은행 고객 패널

매월 활동비로 25만 원을 지급하며, 모집 인원은 15명 이내다. 경남, 울산, 부산 거주 고객을 우선하며 분기별 1회 정도 오프라인 모임을 가진다.

- 모집 기간: 4월 중(3주간).
- 선발 방법: 1차 서류 심사, 2차 면접 인터뷰.
- 활동 기간: 4월~11월(8개월간).

DGB대구은행 참소리자문단

월 25만 원의 활동비를 지급하며, 대구은행 고객 중 정기 모임에 참석할 수 있는 사람이라면 누구나 지원 가능하다. 제시한 과제에 대한 활동보고서를 제출하고 월 1회 정기토론회에 참석하면 된다.

- 모집 기간: 2월 한 달간.
- 선발 방법: 고객 패널 지원서 및 개인정보수집이용 동의서 제출. 1차 서류 심사, 2차 인터뷰 후 최종 선발한다.
- 활동 기간: 4월~11월(8개월간).

NH농협은행 고객 패널

활동비 지원 외에 농협은행 이용 시 우수고객 혜택 등을 제공한다. 과제 수행 및 토론회에 참석하면 월 20만 원의 활동비를 지급하며 우수자에게는 별도의 포상을 제공한다. 온라인 커뮤니티를 통한 개선 의견 및 아이디어 제공 활동도 중요하다. 활동 기간 동안 농협은행 이용 시 혜택을 받을 수 있는 하나로우수고객(골드) 등급을 부여한다.

- 모집 기간: 5월 중.

- 선발 방법: 온라인 모집 요강의 고객 패널 지원서 및 개인정보수
집이용 동의서를 다운받아 제출한다. 1차 서류 심사 후 2차 면접
을 통해 선발한다.
- 활동 기간: 6월~11월(6개월간).

유진저축은행 고객평가단

활동 기간이 2개월 정도로 짧은 편이지만 월 40만 원의 상당히 높은
활동비 외에 우수 제안자, 우수 평가단원에 대해서도 별도로 포상한
다. 발대식 및 해단식 참석 시에는 교통비도 지급한다.

- 모집 기간: 4월 중(약 3주간).
- 선발 방법: 유진저축은행 홈페이지의 공지사항 메뉴에서 '고객
평가단 지원서' 양식을 다운받아 제출한다. 1차 서류 심사 및 2차
인터뷰 진행.
- 활동 기간: 6월~8월 중순(약 2개월간).

웰컴저축은행 웰컴ON 고객 패널

2020년부터 온라인 패널(30명 이내)과 오프라인 패널(10명 내외)을 구
분해 운영한다. 오프라인 패널은 10명 내외로 모집하며, 월 20만 원
의 활동비 외에 우수 패널 선정 시 추가 활동비를 지급한다. 온라인 패
널은 30명 이내로 모바일앱 및 홈페이지 관련 과제 수행 시 3만 원의
활동비가 주어진다. 금융기관 패널 경험이 있는 사람을 우대한다.

- 모집 기간: 2월 중.
- 선발 방법: 웰컴저축은행 홈페이지 또는 모바일 뱅킹 플랫폼 웰
컴디지털 뱅크에서 지원 양식을 다운받아 제출한다.
- 활동 기간: 3월~8월(6개월간).

고객 패널계 최고 대우를 보장해드립니다

보험사 고객 패널

$$$$$ ★★★★★

예상 수입	월 40~90만 원.
장점	패널계 최고의 활동비를 보장한다. 보험계는 고객 패널제도를 일찌감치 도입하고 그 중요성을 인지해온 곳이라, 고객 패널에 대한 대우가 좋고 운영이 안정적이다.
단점	과제의 대부분이 보험상품 및 가입절차에 대한 모니터링에 관한 것이다. 따라서 가족 친지나 지인들에게 도움을 요청해야 하는 경우가 종종 생긴다. 삼성생명처럼 과제를 조별 작업으로 수행하게 하는 곳도 있어서 조별 활동에 시간을 내는 것이 힘들 수 있다.
지속가능성	패널에 대한 대우가 좋은 만큼 선발 자체가 어렵다. 10여 년 가까운 내공을 자랑하는 베테랑 패널들이 포진해 있는 곳이라 치열한 경쟁도 감수해야 한다. 하지만 활동비가 가장 높고, FGD 등을 통해 부가적인 수입도 올릴 수 있어 여러 곳의 패널 활동을 하는 것보다 더 효율적으로 돈을 벌 수 있다.

하나카드 고객 패널 시절, 유달리 까다롭고 복잡한 과제가 주어진 달이 있었다. 가족이나 지인에게 부탁해 신규 카드를 발급받게 하고 그 과정상의 불편함이나 개선점을 조사하는 것이었는데, 옆자리에 앉아 있던 패널이 눈에 띄게 불만을 표시하며 구시렁거렸다.

"이런 거 보험사 패널할 때도 가끔 하는데, 엄청 번거로운데… 그래도 거긴 한 달에 70만 원이나 주니까 군말 없이 하긴 하는데…."

순간 내가 고개를 너무 빨리 돌리는 바람에 공기 가르는 소리가 났을지도 모르겠다.

"70만 원이요? 보험사 패널이라고 하셨죠? 그거 어려운가요?"

나도 모르게 입에서 연속 3연타 질문이 쏟아졌다.

고객 패널 활동을 하다 보면 자연스럽게 금융계열사들이 운영하는 패널 프로그램 중 가장 많은 활동비를 받을 수 있는 곳이 보험사 패널이라는 사실을 알게 된다. 주요 보험사의 경우 매월 평균 70만 원 정도의 활동비를 보장하며, 월별 우수 과제에 대한 시상에 종종 열리는 상품 및 서비스 평가 FGD까지 참여하면 100만 원 가까이 버는 것도 문제가 아니라는 얘기도 과장이 아니었다.

그럼에도 불구하고 아직까지 보험사 패널 활동을 경험해보지 못한 이유는, 일부러 고객 패널제도를 운영하는 회사들만 빼고 가입한듯한 나의 보험 가입 리스트 때문이었다. 대부분의 보험사는 그 회사의 보험상품에 가입해 있는 고객이어야 한다는 것을 필수 요건으로 공지한다. 여기에는 기존 고객을 패널로 예우해 관계를 강화한다는 의미 외에도 보험에 가입하고 유지하고 해지하는 등의 경험들이 앞으로 과제 수행의 대부분을 차지하기 때문이다. 따라서 자신의 보험 리스트를 점검하고, 앞으로 소개할 고객 패널제도를 운영하고 있는 회사의 상품에 가입해 있다면 충분히 노려볼 만하다.

보험 상식이 좀 부족한 편이라고 느낀다면, 보험사들이 최근 주력하고 있는 '온라인 고객 패널'을 통한 워밍업을 추천한다. 열 명 내외의 오프라인 고객 패널에 비해 모집 인원도 몇백 명 단위로 많고, 간단한 설문조사나 간담회에 참여하면 되니 부담도 적다. 모바일 설문조사의 경우 모바일 쿠폰을 제공하고 간담회에서는 선물 증정으로 대신하는 등 오프라인 패널에 비해 활동비는 턱없이 작지만, 장차 오프라인 패널에 도전하기 위한 밑거름 쌓기로 생각하면 좋을 듯하다.

활동하던 카드사 패널 중에는 보험사 소비자 패널 출신 경험자들이 꽤 많았다. 이들에게 물어보니 '활동비를 많이 받는 만큼 부지런히 활동해야 한다'는 것이 공통된 의견이었다. 자신의 경험뿐 아니라 주변 지인들을 대상으로 설문을 진행하거나, 대면 조사를 통해 사용 소감이나 불편사항 등을 수집하는 과제도 꽤 있다고 한다. 특히 개인별로 과제 수행을 독려하는 여타 패널 활동과 달리, 삼성생명을 비롯한 상당수의 보험사는 과제 수행 기간이 2개월 정도로 길거나, 조별 토론 후 합동 작업으로 리포트를 제출하고 발표까지 해야 해서 더 힘들다는 의견도 있었다. 워낙 잘하는 사람도 많고, 경쟁도 치열해서 새롭게 들어간 신참 패널들은 1년 이상 버티기 힘들다고도 했다.

보험사 패널은 고객 패널계의 사관학교?

보험사 패널 활동이 어려운 이유는 보험 관련 용어부터 어렵고, 가입 약관이나 예외 규정 등의 양이 방대하고 낯설기 때문이다. 따라서 용어나 상품 구조에 익숙해질 때까지 마치 공부하듯이 파고들어 이해해야 한다. 특히 최근에는 전형적인 보험 외에 연금저축보험, 저축보험 같은 방카슈랑스 상품도 취급하므로 재테크적인 부분에 대한 상식을 요구하기도 한다.

　패널 모집 시 지원 조건으로 본인이나 가족이 해당 보험사의 상품에 가입해 있는 고객이어야 한다고 공지하는 경우가 많다. 기존 고객을 우대하는 취지이지만 한편으로는 또 다른 이유도 있다. 보험상품의 경우는 예금상품이나 신용카드처럼 쉽게 개설할 수 있는 것도 아니고, 해당 상품에 직접 가입해 어느 정도 경험해보지 않고는 그 장단점이나 개선점을 찾아내기는커녕 기본적인 보험 용어조차 이해하기 힘들기 때문이다. 즉, 보험상품 가입 여부는 패널 과제를 이해하고 토론에 참가할 수 있는 기초적인 소양을 갖추었느냐를 확인하는 기본 절차로 봐야 한다.

만약 내가 가입한 건 '자동차 보험'인데 주어진 패널 과제는 '화재 보험'에 대한 것이라면 어떻게 해야 할까? 이럴 때는 주변 지인 중 해당 보험 가입자를 수소문해 간접조사를 해야 한다. 보험사 패널에게 수시로 주어지는 과제 방법 중 하나가 직접 사람을 만나서 주관적이고 개별적인 의견을 듣는 '인터뷰 조사'다. 다수 의견 또는 객관적인 데이터보다, 상품의 보장 내용이나 가입 단계의 불편함 같은 개인적인 경험을 중시하고 개별 불만 사항을 해결하는 것이 보험사 고객 관리의 지향점이기 때문이다.

오프라인 패널제도와 모바일 패널제도를 함께 운영하는 보험사를 제외하고는 대부분의 보험사가 보다 많은 소비자로부터 생생한 의견을 듣기 위해 고객 패널을 통한 심층 인터뷰 제도를 자주 활용하고 있다. 따라서 패널 활동을 하는 동안 마당발 같은 인맥을 잘 끌어 쓸 수 있어야 한다.

그렇다고 해당 보험사에 가입한 보험 개수가 무조건 많은 게 유리한 것도 아니다. 새로운 보험상품의 상품성을 분석하고, 다양한 채널을 통해서 가입해보고 절차상의 불편함이나 장점을 평가하라는 과제도 종종 주어지기 때문이다. 이때는 직접 상품에 가입해야 하는데, 본인에게 필요한 상품이라면 유지해도 좋지만 아닌 경우에는 과제 수행 후 즉시 상품 가입을 해지해야 한다. 이때 해지 과정의 불편함을 체크하는 것도 과제에 포함된다.

주부라서 유리해요

하지만 역시 신용카드사나 은행권의 월별 활동비와 비교해 많게는 3배 이상 더 받을 수 있다는 점은 무시할 수 없는 장점이다. 이 때문에 쏠쏠한 부업을 찾는 남녀노소들이 몰릴 법하나, 어느 보험사나 예외 없이 주부를 가장 우대한다는 것이 흥미롭다. 보험사들은 그 이유에 대해 보험상품의 주소비자들이 대부분 여성이며, 특히 주부의 경우 가족구성원 및 자산 관련한 상품까지 관리하므로 무시할 수 없는 주요 고객이라고 설명한다. 또한 패널 모임이나 활동이 대개 평일 낮에 이뤄지므로, 비교적 시간을 자유롭게 낼 수 있다는 점도 운영자의 입장에서 선호할 수밖에 없는 이유가 된다.

한편 한화손해보험은 최근 공고에서 패널 지원 자격에 '대학생'

을 추가해 눈길을 끌고 있는데, 모바일을 활용한 언택트 가입 환경
이 중요해지면서 디지털플랫폼에 익숙한 대학생들의 의견을 경청
하기 위한 것으로 보인다.

보험사별 고객 패널제도

삼성생명 고객 패널

서울, 경기 및 수도권 거주 중인 30~40대 성인 여성으로, 삼성생명 보험계약자인 고객이라면 누구나 지원할 수 있다. 직접 서비스를 체험하거나 지인을 인터뷰하며 고객이 불편을 느끼는 업무 절차 등에 아이디어를 제시하는 것이 주 업무다. 월 70만 원 활동비를 지급하며 발표자에게는 별도의 인센티브를 제공한다.

- 모집 기간: 12월 마지막 주~1월 첫째 주(2주간).
- 선발 방법: 고객 패널 지원서를 작성해 제출하면 전화 인터뷰 및 과제 수행을 거처 최종 선발한다.
- 활동 기간 및 활동: 1월~12월까지(1년간). 연간 과제는 총 3회 주어지며 테마별로 약 2개월간 활동하고 과제를 수행한다. 매월 2회 이상 개최하는 간담회를 통해 중간 활동 리뷰 보고를 하고, 고객 관점의 아이디어를 더해 최종 활동 결과를 제출한다.

삼성생명 온라인 고객 패널

20~30대이면서 삼성생명 보험계약자로 모바일 기반 설문조사 참여가 가능한 사람이라면 지원할 수 있다. 2020년부터는 타 생명보험사 보험상품을 동시에 가입한 이들을 우대한다는 내용이 추가되었다.

- 모집 기간: 12월 마지막 주~1월 첫째 주, 2주간(오프라인 패널과 동시 지원 가능).
- 선발 방법: 홈페이지에서 지원서만 작성하면 되는 서류 전형제다.
- 활동 기간 및 활동: 1월~12월까지(1년간). 상품 및 서비스에 관련

된 모바일 설문조사 또는 좌담회 참여. 설문조사자에게는 모바일 쿠폰을, 좌담회 참석자에게는 소정의 상품을 증정한다.

NH농협생명 고객 패널

수도권에 거주하는 농협생명 보험 서비스 이용 고객이라면 누구나 지원 가능하다. 보험 가입 고객과 고객 패널 활동 경험자, SNS 활용 가능자 등을 선발 시 우대한다. 총 활동비 90만 원 지급.

- 모집 기간: 2월 중(약 2주간).
- 선발 방법: 농협생명 홈페이지에서 지원서 및 개인정보처리 동의서를 다운받아 작성 후 이메일 접수. 3월 중 1차 서류 발표 후 2차 전화 면접을 진행한다.
- 활동 기간 및 활동: 3월~9월까지(7개월간). 특정 주제에 대한 자료조사 후 결과보고서를 제출한다. 월 1회 정기 간담회에 참석해야 하며 수시 아이디어 제안 및 기타 활동이 있다.

한화손해보험 소비자평가단

기본 활동비로 월 70만 원을 지급한다. 본인 또는 직계가족이 한화손해보험 가입 고객이고, 수도권에 거주하는 대학생 및 20~40대 주부가 참여 대상이다. 한화그룹에서 후원하는 불꽃축제, 교향악 공연, 스포츠 관람 등 문화 행사에 초청하는 혜택도 있다.

- 모집 기간: 연간 2회 모집. 1월 둘째 주~셋째 주, 7월 둘째 주~셋째 주.
- 선발 방법: 지원서 작성 후 이메일 접수. 과거 고객 패널 및 모니터링 경험 샘플보고서 첨부 시 가점을 부여한다. 1차 서류 전형 후 인터뷰를 통해 최종 선발한다.

• 활동 기간 및 활동: 4개월(3월~6월까지, 9월~12월까지). 한화손해보험 서비스 체험 및 평가, 아이디어를 제안하는 역할을 한다. 월 1~2회 회의 참석 및 리포트 제출.

KB손해보험 KB희망서포터즈

본인 또는 가족이 KB손해보험 자동차보험 또는 장기보험을 보유한 30~40대 전업주부를 대상으로 한다. 활동비 월 70만 원, 활동 및 제안 우수자는 별도 인센티브를 지급한다.

• 모집 기간: 1월 마지막 주부터 약 2주간.

• 선발 방법: 지원서 작성 후 지원양식을 첨부하여 메일 접수. 1차 서류 전형과 2차 인터뷰 후 최종 선발한다.

• 활동 기간 및 활동: 2월 중순~6월 말(약 4개월간). 약 3~4회 정기 과제 수행 후 관련 보고서를 제출하고 월 2~3회 정도 개최되는 간담회에 참석한다.

DB생명 오프라인 고객 패널

30~40대 여성을 대상으로 하며 보험 가입 및 서비스 이용 경험이 다양한 사람을 찾는다. 월 40만 원 활동비 지급. 우수 제안에 대해서는 별도 시상하고 우수 패널로 선정 시 차기 연임 대상자가 된다.

• 모집 기간: 3월 첫째 주~둘째 주까지.

• 선발 방법: 지원서 양식 다운로드 후 이메일로 접수. 서류 심사 후 인터뷰를 거쳐 선발한다.

• 활동 기간 및 활동: 4월~9월까지(6개월간). 선정 주제에 대한 체험 및 개선 사항 제안을 하고 DB생명 고객의견을 조사한다. 이외 월 2회 정기 간담회에 참석해야 한다.

추억 팔기

"조용하고 소박한 삶은 끊임없는 불안 속 성공을 좇는 것
보다 더 많은 기쁨을 가져다준다."

-알베르트 아인슈타인

계획에 없던 쇼핑을 하거나 경조사 등 갑자기 돈 쓸 일이 생길 때가 있다. 그럴 때도 당황하지 않는다. 일단 쓸 돈은 쓰고 그만큼을 메우면 되니까. 이 돈벌이의 출발점은 집, 그중에서도 옷장과 책장이다. 그 속에 있는 것들을 팔아치워 '씨드 머니(Seed Money)'를 만들어야 한다. 처음에 속이 좀 쓰리고 마음먹는 게 어려워서 그렇지, 내 물건 파는 장사는 꽤 재밌다.

갑작스럽게 회사를 그만둔 후 수입을 만들기 위해 가장 먼저 한 일이, 애증 어린 물건들을 갖다 파는 것이었다. 무려 16년을 쇼핑 조장하는 잡지사에 몸담았으니, 팔 만한 물건은 꽤 많았고 나름대로 인기 있는 아이템들이 많아서 금세 인기 셀러로 등극했다. 중고 장사에 빠져 있던 그 시절, 나는 집 안의 모든 것을 '돈이 될 것'과 '팔 수 있는 것'으로만 구분해서 바라보았다.

상태 좋은 옷과 가방은 클로젯셰어에 넘기고, 저렴하게라도 처분하고 싶은 옷과 신발은 당근마켓에 올렸다. 책과 음반은 알라딘에 넘겼다. 상품 가치가 떨어지는 옷과 책은 온라인 고물상에 무게 단위로 넘겼다. 옷장 구석에서 좀이 슬었을 물건들은 누군가의 쓸모 있는 물건이 되었고, 무엇보다도 내 주머니를 두둑하게 채워주었으니 퇴사 이후 암담했던 마음을 다잡는 데도 도움이 됐던 것 같다. 이후 주변에 퇴사하는 사람이 생기면 가장 먼저 '옷장을 비우라'고 조언한다.

살림살이 장사의 요령이라면 욕심을 버리고, 기대치를 상당한 수준으로 내려놓아야 한다는 거다. '고물 장수 마음'이라는 말처럼, 제품의 가치는 전적으로 사는 사람이 정하는 것이다. 사는 사람의 입장에서 이 정도 금액이면 흔쾌히 내놓겠다 싶을 정도의 말도 안 되는 금액을 책정하는 게 좋다.

정성 어린 거래의 태도도 중요하다. 누가 봐도 갖고 싶도록 깨끗이 손질하고, 근사하게 촬영하고, 더 이상의 질문이 나올 수 없을 정도로 상세한 설명을 곁들여야 한다. 나만의 노하우라면 중고거래 시장에서 닳고 닳은 '꾼' 같은 모습은 최대한 숨긴다는 거다. 설명은 사적이면서도 간결하게 쓰되, 거래 조건 등을 언급할 때는 간결한 전문용어보다는 순박하게 풀어 쓰는 쪽을 택하는 게 성공 확률이 높은 편이다.

중고거래에서 '대박'이라는 건 없다. 거래는 늘 내 기대보다 못 미치는 가격에서 성사된다. 하지만 그럼에도 불구하고 가장 쉽게 목돈을 벌 수 있는 방법이기도 하다. 집은 생각보다 많은 것을 품고 있으며, 샅샅이 뒤져 비우고 정리할수록 생활 환경은 나아지니 일석이조다.

내 옷장이라는
화수분

안 입는 옷 셰어링

$$$$$ ★☆☆☆☆

예상 수입	월 평균 2~3만 원.
장점	남는 옷과 가방만 있다면 꾸준히 벌 수 있다. 진상 고객과 대면할 일도, 오염이나 수선 문제로 싸울 일도 없다.
단점	인기 있는 옷을 가지고 있거나, 멋진 코디네이션 제안을 할 수 있는 감각이 있어야 한다. 그렇지 않으면 파리 날리는 날들이 이어진다.
지속가능성	매일 아침 눈 뜬 후 쌓여 있는 돈을 확인하는 재미가 꽤 크다. 재주는 옷과 가방이 부리고, 나는 돈만 주으면 되니 조급할 일도 지칠 일도 없다.

편집장 시절 내 옷 스타일은 두 가지였다. 평상시에는 밤샘 근무에도 적합한 활동성 위주의 '마감복'을 입지만, 브랜드 론칭 행사 및 파티 참석 시 패션 피플로서의 면모를 뽐내줄 이른바 전략적 의상도 갖춰야 했다. 막상 회사를 떠나고 나니, 꽤 큰돈과 정성을 들여 마련한 이 의전 의상들의 가치란 무릎 나온 잠옷 바지만 못한 신세였다. 장보러 가고 운동하러 가는 게 외출의 전부인 1인 사업자의 삶에 오프숄더 블라우스와 큐롯 팬츠가 무슨 소용이냐고.

하지만 막상 주변 지인들에게 나눠주거나 재활용 옷상자에 넣는 건 내키지 않았다. 하나하나 사연과 추억이 있고, 때로는 큰 맘 먹고 몇 개월 할부금을 지불하며 힘들게 내 품에 넣은 아이들인데, 까짓 옷장 좀 차지한다고 뭐가 대수겠냐 싶었다. 무엇보다 '안 입는 옷은 나한테 버리라'는 친구들의 공짜 속이 얄미웠고 중고 옷 시장 시세를 알아본 바 그 가격에 넘기는 건 패션계에 대한 모욕 행위라 느껴졌다. 마음먹고 서너 번 옷장 정리를 해봤지만 결국 떠나보낸 건 즐겨 입었으나 낡은 옷들뿐, 보기만 해도 웃음이 나는 예쁜이들은 매번 남겨졌다. 늘 '추리닝'만 입고 다니지만 내 옷장 속에 보석 같은 아이들을 숨겨놓고 있다는 건, 세상에 나만 아는 비밀이라는 사실이 내심 안타깝긴 했다.

네 옷장을 열어줘, 클로젯셰어

인스타그램을 보다가, 그대로두면 먼지 먹고 좀이나 슬 소중한 나의 옷과 가방들을 내 인생에서 영영 내보내지 않고 잠시 빌려주기만 하면 돈이 되는 일명 '옷테크' 앱을 알게 되었다. 클로젯셰어(CLOSET SHARE)다. 내 옷이나 가방을 위탁하면, 필요한 사람들에게 빌려준 기간만큼의 대여료를 받아주는 서비스로 앱으로 이용 가능하다. 당시 광고에서 내 마음을 잡아당긴 건, 불과 6개월 만에 1000만 원이 넘는 돈을 벌었다는 슈퍼 셰어러의 환희에 찬 간증이었다. '그래, 나도 느껴보자. 자식 같은 옷과 가방이 밤새 벌어다준 적립금을 확인하는 그 환희를!'

옷장을 뒤졌다. 아니, 뒤집어엎었다고 하는 편이 정확하겠다. 일단 미래의 고객들이 좋아하실 만한 브랜드 옷들을 뽑았다. 명품은 물론이고 컨템퍼러리 브랜드와 국내 미유통 브랜드, 국내 디자이너 브랜드들이 줄줄이 나왔다. 나름 16년 이상을 대한민국 여자들이 좋아하는 패션만 생각했던 경력으로, 자신만만하게 '이 정도면 기꺼이 돈 주고 빌려 입겠다' 싶은 옷들을 선별했다. 다음 단계는 옷의 상태를 확인하는 것. 고객의 입장에서는 아무리 입던 옷이라고 해도, 낡거나 입은 티가 나는 옷을 고르지 않을 건 분명했다. 예상은 적중해서, 결국 입은 흔적이 별로 없거나 눈에 띄는 오염이 없는 옷들이 최종 채택되었다.

클로젯셰어 앱을 설치한 후 '셰어하기' 메뉴를 통해 신청하면, 택배 서비스로 큼직한 검은색 봉투를 보내준다. 이 봉투에 한 번에 담아 보낼 수 있는 옷의 개수는 최대 10개다. 일단 나름 패션계 종사자였던 감으로, 불티나게 대여될 것 같은 열 벌을 깐깐하게 골라 봉투에 담아 보냈다. 하지만 열흘 후, 통과된 옷은 겨우 다섯 벌이었다. 나머지 옷은 봉투에 담긴 채 쓸쓸히 내 품으로 되돌아왔다.

며칠 후 앱을 통해 통과된 옷에 매겨진 '중고 판매가'를 확인했다. 명품의 경우 전문가에 의해 진품 여부가 감별되며, 여기에 클로젯셰어에 근무하는 담당자들의 의견이 반영된 '시장가'에 근거해 매겨진 가격이다. 따라서 반드시 제품 구매가에 비례하지 않으며, 해당 브랜드의 현재 시점의 인기도나 희귀성, 옷의 상태 등에 따라 달라진다. 중고 판매가는 혹시나 빌려 입다가 해당 제품을 구매하겠다고 나서는 소비자들에게 제시되는 판매 가격이다. 클로젯셰어는 대여와 별도로 중고 제품 판매 행사를 열기도 하는데, 이때 판매가 역시 중고 판매가를 기준으로 고지된다. 만약 책정된 중고 판매가에 불만이 있거나, 나중에라도 소장하고 싶은 옷이라면 중고 판매에 대한 거부 의사를 밝히면 된다.

클로젯셰어를 1년 이상 이용해보니, 이 중고 판매를 통해 벌어들이는 수익이 대여 수수료 못지않게 쏠쏠했다. 옷은 한 번만 입고 뒤도 '중고'가 되는데, 중고나라나 당근마켓 등에서 형성되는 중고가에 비해 클로젯셰어의 금액이 두세 배는 높았다. 등록한 옷 중 무려 30퍼센트 정도가 팔렸는데, 장기간 옷을 빌려 입은 소비자들 중 만족한 이들이 구매하는 경우가 많았다. 중고판매의 경우에도 클로젯셰어에 지불하는 약 10퍼센트 정도의 판매수수료를 제외한 금액이 입금된다.

대여 시장에서 인기 있는 옷의 비밀

대여 의류 시장의 특성상 브랜드에 상관없이 신제품의 니즈가 높고, 명품이나 컨템퍼러리 등 널리 알려진 브랜드 의류들도 인기가 높다. 국내 저가 브랜드, 보세 의류는 취급하지 않는다. 약간의 흠집이나 사용감이 있는 의류는 괜찮지만, 심한 오염이나 손상이 있는 제품은 돌려보내므로 주의하자. 한 번도 안 입은 옷이라도 가격태그는 떼고 보내야 한다.

브랜드보다는 디자인이 우선이다. 촬영했을 때 예뻐 보이는 옷들, 난해하지 않고 무난한 옷들이 자주 돈을 벌어다준다. 대개 결혼식이나 출퇴근복, 데이트용 의상을 대여하고자 하는 이들이 많으므로 아름답거나 단정한 옷들이 인기였다. 최근 클로젯셰어에서 추가한 '웨딩'과 '남성복' 카테고리도 스몰웨딩을 준비하는 여성들이나 패션테러리스트인 남편이나 남자친구의 옷 고민을 해결하려는 이들 사이에서 인기몰이 중이다. 시즌별로 여름에는 휴가지에서 유용한 리조트룩이나 라운지룩이 인기 있고, 겨울에는 무조건 코트나 외투를 장기 대여하려는 이들이 압도적이다. 평범한 옷이라면 위아래 한 벌로 '코디네이션'해서 보내면 대여 확률이 높아진다.

옷 주인으로서 직접 센스 있는 리뷰를 달거나, 옷의 장단점을 솔직하게 알려주는 것이 좋다. 나는 통통한 체형이라, 허리를 날씬하게 보이게 할 수 있는 아이템이라는 점을 많이 강조했는데 그런 옷들의 대여 승률이 높았다. 또한 내 옷을 대여해 입고 멋진 사진과 좋은 리뷰를 달아준 인기 리뷰어 덕에 제품 인기가 올라간 적도 있다.

비싼 옷이라고 해서 1일 대여 금액이 높아지는 것은 아니고, 이용자가 가입한 유료 멤버십에서 책정한 비용만큼 옷 주인의 수입이 된다. 약 4개월간 나름의 옷가게를 운영해본 결과, 평균적으로 들어오는 대여금액은 700~1,500원(1일 기준) 선이다. 언뜻 형편없이 낮은 금액처럼 느껴지지만, 평균 대여 기간이 3~7일 정도인 점을 감안한다면 일주일에 한 벌로 최소 3,000원에서 최대 1만 원 이상을 벌 수 있다. 자고 일어난 후 앱을 켜서 수익금이 불어나 있는 걸 확인하면 기분이 좋다. '내가 자고 있는 동안에도 안 입던 옷이나 대신 돈을 벌어왔구나' 하는 느낌이랄까.

누적 수입은 사이트를 통해 언제든 확인할 수 있으며, 현금으로 인출 가능(500원의 수수료가 발생)하다. 필요한 경우 언제든 요청하면 빌려준 옷을 다시 받을 수 있다. 이때 제품 손상이 발생하면 100퍼센트 즉시 보상한다.

패션 렌탈 서비스는 현재 세계적인 유행이다. 지갑 사정을 생각하면서도 트렌드를 따를 수 있고, 무엇보다 한 벌의 옷을 여럿이 공유하므로 환경 문제 해결에도 이바지할 수 있다. 성공하는 주식 투자의 비결에서 늘 얘기하듯 공유 옷장은 '묻어놓고 장기적인 수익을 기대하는 쪽'이 낫다. 블루칩 같은 옷 한 벌이 무한한 수익을 가져다줄지 모르니까.

내 옷과 가방으로 돈 벌 수 있는 사이트

클로젯셰어(CLOSET SHARE)

모바일앱과 홈페이지를 통해 회원가입 후 이용할 수 있다. 셰어링의 경우 가입비 없이 누구나 이용할 수 있다. 셰어링 신청 시 배달되는 봉투에 공유 가능한 옷이나 가방(신발 및 액세서리는 불가)을 착불 택배로 보내면, 전문가들이 제품별 가치를 '중고 판매가'로 책정해 통보한다. 일·주·월별 대여료는 중고 판매가에 근거해 매겨진다. 대여 및 중고 판매 시 수수료를 제외한 금액이 입금된다.

코너마켓(CORNER MARKET)

큰 맘 먹고 산 아이 옷, 몇 번 입지 못하고 옷장에 보관 중이라면? '작아진 아이 옷, 대신 팔아드린다'는 코너마켓을 이용하자. 중고 아이 옷을 수거해 판매, 입금까지 해주는 사이트다. 모바일 웹페이지(www.cornermarket.co.kr)에서 회원가입하고 픽업 일자를 정하면 업체에서 직접 수거하고, 검수 작업을 거친 후 판매에 들어간다. 백화점 유통 브랜드 및 요즘 엄마들이 선호하는 브랜드를 위주로 매입하므로, 홈페이지에서 판매 가능한 브랜드를 미리 검색해보도록 한다. 판매는 위탁판매(판매되지 않는 경우 돌려받을 수 있음) 또는 간편 매입 중 선택할 수 있으며, 매입 불가한 상품의 경우는 '기부'할 수도 있다.

인생 사진은
추억만 남기지 않는다

스톡 사진 팔기

💲💲💲💲💲 ★★☆☆☆

예상 수입	연간 30~100달러(약 3만 원에서 11만 원).
장점	재미 삼아 찍은 사진이 돈이 되다니! 세계 무대에 데뷔한 아마추어 사진가로서의 자부심을 가질 수 있다.
단점	먹고살 수 있는 일은 아니다. 일 년에 한 컷도 못 팔 수 있다. 사진을 찍고 선별하고 업로드하는 노력을 생각하면 눈물 날 만큼 적은 돈을 쥘 수 있다.
지속가능성	당신이 어느 황무지에 설치해놓은 자판기에, 드물게 그곳을 지나던 나그네가 동전을 넣고 콜라 한 캔을 뽑아먹을 확률과 비슷하다. 잊고 지내다 보면 어느 날 큰돈이 들어 있을 수도 있다. 길을 잃은 수학여행 버스가 그곳에 들르는 바람에 말이다. 하지만 우리가 경험했듯 현실에서 그런 일은 잘 일어나지 않는다.

에디터 시절, 기사에 함께 실을 사진을 확보하는 일은 늘 스트레스였다. 이럴 때 온라인에 근사한 대안이 있었다. 바로 전 세계 프로 포토그래퍼와 아마추어 포토그래퍼 그리고 파파라치의 사진과 동영상이 죄다 모여 있는 스톡 포토(Stock Photo) 사이트를 뒤져보는 거였다.

평소 사진 찍는 감성이 남다르다고 느꼈거나, 작품 열을 불태우는 아마추어 포토그래퍼라면 당신이 찍는 사진이 돈이 될 수 있다. 그리고 판매 대상은 국내 시장을 넘어 전 세계 시장이다. 스톡 포토 사이트란 신문, 잡지, 웹페이지, 전단지 등 상업적 미디어나 개인적인 용도로 사용하기 위해 필요한 이미지 사진이나 동영상을 유료로 구매할 수 있는 웹사이트를 말한다. 누구나 원하는 사진을 다운받을 수 있으며, 사진 사용 용도 및 사진 크기에 따라 책정된 가격을 지불하면 된다. 상업적 용도에 신문이나 잡지 인쇄에 적합한 최대 사이즈의 사진이라면 30만 원 이상, 많게는 수백만 원을 호가하기도 한다. 수천만 개의 사진 중 누군가 운 좋게 당신의 사진을 다운받아 사용하겠다고 하면, 사진 사용료를 의미하는 로열티 명목으로 돈을 벌 수 있다. 서로 얼굴 한 번 보지 않고 말 한마디 주고받지 않아도 되니 경력이나 포트폴리오 따위도 필요 없다.

10년 전 연말, 나는 수년간 계획을 세웠던 카리브 바다(우리가 캐리비안이라고 익히 알고 있는 그곳)를 볼 수 있는 크루즈 티켓을 30만 원도 안 되는 특가로 구입에 성공했고, 마침내 바하마행 크루즈에 몸을 실었다. 3박 4일 동안 날씨는 쾌청했고, 중간 기착지로 들른 무인도 풍경은 상상 이상으로 아름다웠다. 여행을 위해 새로 장만한 디지털카메라를 들고, 나는 '코코케인'이라는 이국적인 섬의 이곳저곳을 돌며 셔터를 누르기 시작했다. 인적 없는 섬 뒤편의 흰모래 해변 풍경, 맹그로브 숲, 경계심이라고는 없는 야생 갈매기 사진까지…. 그간 잡지사에서 일하며 쌓은 모든 사진 기술과 안목을 살려 프레임을 가로세로로 바꿔가며, 이미지 사진을 찍고 또 찍었다. 이 중 카리브의 풍취가 물씬 풍기는 파라솔과 이국적인 해변 풍광을 담은 사진은 다음 달 편집장의 글 옆에 들어가는 사진으로 쓸 요량으로 해상도를 최대로 높이고 여백까지 계산하며 공들여 찍었다.

이후 컴퓨터 속 '내 사진' 폴더 어딘가에 들어 있는지도 몰랐던 10년 전 이 사진들이 문득 생각난 건, 어느 재능공유 플랫폼에서 '스톡 포토그래퍼로 돈 버는 법을 알려준다'는 한 포토그래퍼의 이야기를 읽고 나서다. 아마추어 포토그래퍼라 해도 누구나 글로벌 스톡 포토 사이트에 '사진을 공급'하는 사람이 될 수 있으며 K-WAVE 붐을 타고 글로벌 스톡 포토 시장에서 '메이드 인 대한

민국' 사진에 대한 위상과 인기가 높아졌음을 알려주는 그의 이야기는 신선했다. '왜 진작 이렇게 돈 벌 생각을 못했을까?' 탄식하며 당장 그간의 출장과 여행지에서 찍어둔 사진 폴더들을 뒤졌다. 다행히 과거의 나는 인물 사진보다 풍경 사진을 즐겨 찍는 사람이었고, 멋진 풍경을 보면 해상도를 최대한으로 높여 찍는 버릇이 있었다.

반나절을 꼬박 사진들과 씨름한 끝에 쓸 만한 해상도의 사진들을 추려서, 나름 합리적인 가격으로 사진을 대여하는 세계적인 스톡 포토 사이트에 업로드했다. 며칠 후 담당자는 이메일을 통해 내가 올린 15장의 사진 중 다행히 최종 4컷이 업로드되었다는 소식을 전해주었다.

이후 한 달 동안은 매일 작가 계정에 들어가서 들어온 돈이 없는지 확인했지만 헛방이었다. 그렇게 잊고 지내다가 올해 1월, 혹시나 하는 마음으로 스톡 포토 사이트에 로그인했더니 31.50달러(약 3만 5,000원)의 돈이 들어 있었다. 앞서 말했던 바하마의 코코케인섬에서 찍은 파라솔 사진 중에 중간 해상도 크기의 사진이 팔린 것이다. 전문 포토그래퍼도 아니고 2010년 당시 최신 똑딱이 디지털카메라로 찍은 사진으로, 난생 처음 외화를 벌었다는 사실에 나는 퓰리처상이라도 받은 양 한껏 들떴다. 그렇게 번 돈은 스톡 포토 사이트에서 결제용으로 선호한다는 페이팔(PayPal) 계좌에 고이

송금했다. 그리고 새로운 꿈을 꾸기 시작했다. 이 사진들을 계속 팔고 팔아서 다시 한 번 카리브해로 떠나겠노라고!

스톡 포토그래퍼가 되려면?

대표 스톡 사진 사이트인 서터스톡(Shutterstock)의 경우, 회원가입을 하고 작가 등록을 위해 사진을 업로드한 후 제출하면 심사를 통해 작가 등록이 완료된다. 이때 최소 5장 이상을 등록해야 하며 15장까지 제출할 수 있다. 올린다고 다 되는 것도 아니고, 사진의 상품성에 대해서 일일이 검토한 후 승인 내역을 알려준다. 일반적으로 사진 1장당 25~45센트, 우리 돈으로 300~500원 정도로 수익성이 낮고 그나마도 평생 한 장도 못 팔 수 있다는 게 함정이다. 하지만 평생 노트북 저장고 속에서 빛을 못 볼뻔했던 사진이, 누군가에게 팔려 값어치 있게 사용되면서 300원의 수익까지 생긴다면? 비로소 가난한 사진작가의 희열을 맛볼 수 있을 거다. 팔릴 법한 사진으로 만드는 팁은 아래와 같다.

1. 해당 주제에서 가장 상업적으로 가치 있는 사진을 찍어라. '벚꽃 축제' 사진이라면 신문이나 잡지 기자의 입장에서 대강의 콘텐츠를 생각해보고 가장 선호할 만한 앵글에 필요한 요소들을 담는 게

좋다. 예를 들어 활짝 핀 벚꽃 옆으로 나들이 나온 가족의 행복한 모습이 걸려 있는 풍경 사진이다.

2. 스톡 사진의 대부분은 인쇄물 게재용으로 사용되므로, 인쇄 시 사진이 깨지지 않는 고해상도여야만 상품가치를 지닌다. 보유하고 있는 카메라나 핸드폰으로 찍을 수 있는 가장 고해상 사진 (300dpi 이상, 24MB 이상)으로 촬영한다. 그리고 한 가지 주제에 대해서는 베스트 사진 한두 개만 올리자.

3. 상업적으로 가치 있는 사진일수록 좋다. 사람이 있는 사진이 잘 팔리긴 한다. 누구나 찍을 수 있는 풍경보다는 배경이 깨끗한 스튜디오에서 촬영한 모델컷이나 인물 포트폴리오, 음식이나 바다와 호수 풍경처럼 테마가 있는 사진이 인기가 많다. K-컬처에 대한 관심이 높아지면서 스트리트 패션이나 전통문화 관련 콘텐츠도 인기 있다. 싸이의 '강남스타일' 열풍이 불었던 시절에는 '강남 Gangnam'이라는 키워드로 올린 거리 사진이 꽤 인기 있었다고 한다. 주의할 점은 인물이 포함되는 사진의 경우에는 초상권 문제가 해결되어야 하니, 간단한 양식으로라도 라이선스 문제에 대한 확인서를 받아두는 것이 좋다.

4. 최근에는 VR용 이미지나 동영상 콘텐츠의 인기가 부쩍 높아지고 있다. 고수들은 단순한 풍경사진보다 '누군가'가 '무엇인가'를

하고 있는 사진이 시장성이 있다고 한다.

5. Public Domain(PD), Royalty-Free(RF), Rights-Managed(RM)의 차이를 알아두자. PD는 그냥 무료 사진, RF는 비용을 지불하되 원하는 한 몇 번이고 반복 사용할 수 있다. RM은 사용할 때마다 저작권자의 허락을 받아야 한다. 일반적으로 RM 사진의 사용비가 높으나, 그만큼 구매 경쟁력이 떨어지므로 RF로 등록하기를 추천한다.

6. 글로벌 사이트들이 대부분이라 키워드를 영어로 섬세하게 올려야 한다. 검색 시 사진을 묘사하는 정확한 표현을 썼느냐가 매우 중요하므로, 비슷한 느낌의 사진들을 찾아보고 해당 키워드를 참고하면 좋다.

7. 결제는 각종 수수료 문제를 고려할 때 페이팔 계정을 만들어 받는 것이 좋다고 한다. 국내 은행 또는 신용카드 계좌와 연동해 쉽게 출금할 수 있다.

사진을 팔 수 있는 글로벌 스톡 포토 사이트

- gettyimagesKOREA(mbdrive.gettyimageskorea.com)
- alamy(www.alamy.com)
- iStock(www.istockphoto.com)
- Adobe Stock(stock.adobe.com)
- Shutterstock(www.shutterstock.com)
- BIGSTOCK(www.bigstockphoto.com)
- POND5(www.pond5.com)
- Stocksy(www.stocksy.com)

은혜 갚은
쇼핑

중고 물품 거래

$⑤⑤⑤⑤ ★★☆☆☆

예상 수입	엿장수 마음~
장점	이전의 중고거래와는 다르다. 한층 업그레이드된, 평화롭고 기분 좋은 거래를 보장하는 거래 채널들이 많이 생겼다. 어지럽던 살림살이를 정리하고 지갑도 마음도 풍요로워지는 일석이조의 돈 벌기다.
단점	정든 물건을 내다 파는 내 마음과 사는 사람의 마음이 일치할 수는 없는 법. 가격 흥정을 하는 와중에 또는 구매자의 무례한 행동이나 말 때문에 마음의 상처를 입고 언짢아질 수 있다.
지속가능성	쇼핑을 멈추지 않는 한 팔고 싶은 물건은 생기기 마련이다. 요즘 중고거래의 달콤함은 중독성이 강해서 멀쩡한 물건도 갖다 팔고 싶은 마음이 생길 수도 있으니 주의하자.

회사를 그만두고 한 첫 번째 일은 미뤘던 여행을 떠나는 것이었고, 두 번째는 인생 제2막을 위해 대청소를 하는 것이었다. 10년 동안 한 번도 열어보지 않았던 서랍을 뒤엎는 것으로 시작해서, 반나절 동안 거실에 쌓은 옷 무덤은 허리 높이까지 치고 올라왔다. 대학시절 밀리터리룩에 꽂혀 정신없이 사댔던 카키색 옷 한 무더기와 지금은 마흔을 넘긴 남동생이 입던 힙합 의상과 시카고 불스 농구 유니폼이 나왔을 때는, 20년간 햇볕 한 번 못 보고 구석에 처박혀 있던 옷들에 미안한 마음마저 들었다.

20리터짜리 김장용 비닐 봉투에 차곡차곡 옷을 접어 넣으니, 혼자 힘으로 겨우 들 수 있을 정도로 빵빵해진 옷 가마니 8개가 완성되었다. 현관 앞에 늘어놓고, 며칠 전 모바일로 예약한 고물상 담당자가 도착하시기를 기다렸다. 대형 카트를 끌고 마침내 등장한 아저씨는 쌓여 있는 옷 뭉치를 보고도 전혀 놀라는 기색이 아니었다.

내 기억에 쌀집에서 쌀자루 무게를 잴 때 쓰는 걸 본 게 마지막이었던 업소용 저울을 꺼내더니, 옷 뭉치 하나하나의 무게를 재고 장부에 무게를 적었다. '주머니 하나당 10킬로그램은 넘는 것 같은데, 한 10만 원 돈 생기는 거 아냐?' 기분 좋은 상상을 하고 있을 때, 아저씨가 장부를 내밀었다.

"총 62킬로그램이고요. 1킬로그램에 350원씩 해서 2만 1,700원

입니다.”

겨우 2만 1,700원이라니! 예상 못한 충격에 미처 할 말을 못 찾고 있을 때 아저씨가 기분 좋은 웃음을 지으며 덧붙였다.

“요즘 시세가 킬로그램당 300원인데, 겨울옷이 많고 상태가 좋아보여서 값을 더 쳐준 거예요.”

그렇게 2만 1,700원을 남기고 내 20년 추억을 담은 언뜻 봐도 200벌은 되어 보이던 옷들이 미지의 세상을 향해 떠났다.

하지만 잠시 후, 내내 공간만 차지하며 마음까지 무겁게 누르고 있던 그 옷들이 사라졌다는 사실에 마음이 후련해졌다. 내다 버리는 것도 일인데, 이렇게 집으로 찾아와 수거해주니 얼마나 고마운가 하는 생각도 새삼 들었다. 무게 단위로 사고파는 모바일 고물상과의 중고거래 현실을 알았으니, 다음에는 좀 더 잘 팔아보자는 오기도 생겼다.

중고거래의 재발견, 당근마켓

모처럼 놀러온 조카가 이모에게 특별히 커피를 쏘겠다고 했다. 며칠 전 '당근마켓'에 안 쓰던 향초 액세서리 판매 공지를 올렸는데 17분 만에 사겠다는 사람이 나섰고, 오는 길에 지하철역에서 만나 직거래까지 완료한 턱이라고 했다.

"그 업체 이름이 뭐라고? 당근…마켓?"

네이버의 '중고나라'처럼 오래된 거래 플랫폼은 '꾼'도 많고, 사기를 당했다는 '썰'도 많아 순수한 초짜 판매상은 마음의 상처를 입을 수 있다. 나 역시 회사를 그만둔 후 더 이상 들 일이 없어진 가방 몇 개를 올렸다가, 형사 취조하듯 물건에 대해 캐묻고 지적을 해대는 '고갱님'들 때문에 호되게 당했고 이후 해당 사이트에서의 중고거래를 끊었었다.

중고거래 사기의 대부분은 구입한 물건이 택배나 퀵으로 도착할 때까지 그 실체를 확인할 수 없다는 데서 비롯된다. 박스에 물건 대신 벽돌이 들어 있었다거나, 겹겹이 쌓인 포장을 풀어보니 조롱하는 종이쪽지가 담겨 있더라는 괴담들은 유명한 일화다. 당근마켓은 이런 중고거래의 단점을 제대로 저격했다는 점에서 획기적이다. 바로 내 이웃과 물건을 사고팔 수 있도록 하기 때문이다. 당근마켓 앱을 깔면 위치 기반 확인 동의를 통해 현재 살고 있는 '동네 인증'을 해야 한다. 그리고 내가 있는 곳으로부터 6킬로미터 내에 있는 이들에게 상품 정보가 노출되게 해두면 편한 시간에 만나 직거래를 할 수 있다. 판매자와 구매자는 물리적으로 가까운 곳에 사는 '이웃'이며, 얼굴을 보고 거래하므로 속일 수가 없다.

당근마켓 입성을 앞두고 우선 앱에 올라온 내용을 훑어보며 인기 아이템이 무엇인지 검색했다. 계절별 의류, 아기용품, 운동용품, 소형 전자기기 순으로 인기가 많았다. 당장 테스트 삼아, 예전에 온라인으로 주문했다가 유난히 사이즈가 작게 나온 디자인이라 단 한 번밖에 신지 못했던 비운의 운동화를 팔아보기로 했다. 신발류를 사려는 사람의 입장에서 궁금한 요소들이 뭘까 생각해본 후 운동화 앞코와 인솔, 아웃솔의 청결 여부를 입증하는 사진 위주로 찍어서 올렸다. 4만 원 대에 구매했으나 1만 8,000원에 올려뒀던 운동화는 단 하루 만에 팔렸다. 당근마켓 앱 채팅을 통해 약속을 정하고, 다음 날 동네 지하철역에서 만난 인상 좋은 동네 아주머니는 봄이라 이제 운동을 시작해보려 한다며 깨끗한 제품을 싸게 줘서 고맙다고 인사를 건넨 뒤 총총히 사라지셨다. 멀어지는 첫 번째 고객님의 뒷모습을 보며 내 기분도 한껏 좋아졌다. 중고거래로 이렇게 기분 좋아질 수 있다니! 당근마켓, 그래 너로 정했어!

중고거래 달인의 마음가짐

편집장 시절 쇼핑을 조장하는 콘텐츠를 만드는 일이 '업'이었던 만큼, 쇼핑을 하는 것에 대한 죄책감은 눈곱만큼도 없었다. 쇼핑은 늘 즐거웠다. 신상을 걸쳐보고 고르고 결제하는 순간까지 매 순간이 황홀했다. 하지만 지금은 세월과 좀을 함께 먹어가던 소중한 존

재들을 팔아 치우는 순간의 즐거움도 그 못지않다는 것을 안다. 중고거래에서 가장 경계해야 하는 것은 '저게 원래 얼마 주고 산 건데' 하는 마음이다. 나 외에 그 누구도 인정하지 않는 본전 생각을 했다가는 중고거래에서는 파리만 날리기 십상이다. 이 시장은 철저하게 '구매자'의 마음으로 접근해야 한다. 사는 사람 입장에서 '이 정도면 땡잡았다'는 마음이 들게 상품을 선전하고 거래가를 책정해야 팔린다는 얘기다. 실제 업로드 후 3일 이상 지나도 팔리지 않는 제품은 가격 책정이 잘못되었다고 보면 된다. 내가 계속 가지고 있으면 자리만 차지하고 버리기도 힘든 '애물단지'를 기꺼이 사주는 사람에게 고마운 마음을 담아 '착한 가격'을 책정하겠다는 마음이면 된다.

대면형 중고거래는 거래 당사자들끼리 평가하는 '리뷰'를 남길 수 있는데, 이에 대한 관리도 중요하다. 거래 당시 시간은 잘 지켰는지, 태도는 좋았는지부터 물건 상태와 판매 후 대응까지 꼬박 리뷰로 남는다. 미래의 구매자들은 이전 구매자들이 남긴 당신에 대한 리뷰를 읽고, 거래 여부를 선택할 수도 있다. 따라서 좋은 리뷰를 받는 것이 중요하다. 내 경우에는 딱 한 번 타본 이후로 수년 째 행방을 몰랐던 롤러 블레이드를 옷장에서 발견한 후 당근마켓을 통해 '무료나눔'한 적이 있다. 무료나눔이라 올리자마자 당장 그날

찾으러 오겠다는 연락이 오길래 기분 좋게 대면 거래를 했다. 이 무료나눔의 당사자에게 좋은 리뷰를 받은 것은 물론이다. 그리고 그 덕인지 이후 당근마켓에 물건을 올리면 '믿을 만한 판매자라 거래하겠다'는 식으로 물건을 구매하는 이들이 많아졌다. 의도한 것은 아니었지만, 중고거래 시장에서 활용할 수 있는 중요한 마케팅 포인트를 학습한 셈이다.

추천 중고거래 앱

당근마켓

'당신 근처의 마켓'이라는 뜻의 '당근마켓'은 그 이름처럼 핸드폰 위치 인증을 통해 근방 6킬로미터 내에 있는 이웃들과 거래하는 중고거래 플랫폼이다. 오가며 한 번쯤은 얼굴을 마주치게 될 동네 사람들을 상대로 추악한 사기를 저지르지는 않을 거라는 믿음으로 거래할 수 있는 곳이다. 만나서 물건과 제품 값을 교환하는 직거래를 위주로 하니 배송비도 아낄 수 있다. 실제로 거래되는 제품 목록도 소박하다. 안 입는 옷가지나 가방, 아기용품, 취미용품 등이 주로 등장하며 가격도 1,000원에서 5만 원 이하로 책정된 제품들이 많다.

번개장터

일상적인 용품을 착한 가격에 거래하는 곳이 당근마켓이라면, 번개장터는 MZ세대인 요즘 아이들의 취향에 맞춘 플랫폼이다. 10대와 20대 사이에서 인기 있는 스트리트 브랜드나 스니커 같은 패션 아이템은 물론 명품 브랜드의 가방이나 시계도 등장한다. 쓰던 제품을 내놓는 경우도 있지만 대부분 리셀(Resell)인 경우가 많다. 피규어나 마블 만화책처럼 컬렉터들이 찾는 아이템들이 있다는 점도 번개장터만의 특징이다.

알라딘 중고매장

알라딘에서 중고 서적만 매입하는 줄 알았다면 알짜 팁을 놓치고 있는 것이다. 알라딘 중고매장은 책 외에 중고 음반, DVD, 블루레이

등도 매입한다. 알라딘 모바일앱에서 책과 마찬가지로 온라인으로 픽업 신청을 완료하고 적당한 크기의 박스에 담아 배송 준비를 마치면, 택배기사님들이 수거해간다. 3~4일 후 수거한 제품 중 수매한 제품 리스트 및 금액을 알려주고 며칠 뒤 입금해준다. 헌책보다 처주는 값도 후하고 물건의 상태가 좋으면 꽤 큰돈을 줄 수 있다.

솔드아웃과 크림

MZ세대가 열광하는 스니커즈 리셀 플랫폼이다. 한정판 스니커즈를 되팔아 수익을 내는 것이 전 세계 10~20대 사이에서 성공적인 재테크법으로 유행하면서, 무신사는 '솔드아웃'을 스노우는 '크림'을 내놓았다. 만약 재테크 목적이나 컬렉션을 위해 가지고 있던 한정판 스니커즈를 판매하고 싶다면 이곳에 올리자. 전문가 검수를 거쳐 거래가를 책정하고 촬영과 업로드는 물론 판매까지 대행해준다.

파라바라

'파라바라'는 '거리두기'에 대한 사회적 분위기 속에서 새롭게 등장한 무인 중고거래 자판기다. 누구나 핸드폰 번호, 상품 설명, 원하는 가격을 입력한 뒤 판매할 물건을 투명 사물함에 넣어둘 수 있다. 물건 구입을 원하는 사람이 판매자에게 연락해서 거래가 성사되면 비밀번호를 누르고 해당 물건을 꺼내간다. 온라인 중고거래의 문제점인 '구매자가 직접 물건을 보고 살 수 없다'는 문제점을 해결한 색다른 플랫폼으로, 현재 지하철 홍대입구역, 용산 아이파크몰 등 유동인구가 많은 지역에 설치해 운영 중이며 롯데마트 중계점 매장에도 파라바라 중고거래 자판기가 설치되었다. 내년 중반까지 전국적으로 200대의 파라박스가 설치될 예정이라고 하니, 그때쯤이면 좀 더 다양하고 다이내믹한 중고거래를 경험할 수 있을 듯하다.

쿠돈

내 손에 물 한 방울 안 묻히고 중고 명품을 판매할 수 있게 해주는 중고 명품 판매 대행 서비스를 제공한다. 직접 명품을 팔려고 하면 사진을 찍고, 상품 정보를 올리고, 진상 구매 고객과 실랑이를 겪게 될 수 있지만 쿠돈은 이 모든 상황의 발생을 방지해준다는 점에서 매우 매력적이다. 앱이나 웹사이트를 통해 판매 대행 신청을 하면 상품 수거, 정품 검수를 거쳐 사진 촬영, 상품 등록, 구매 고객 응대는 물론 판매 수익 정산까지 대행해준다.

가방, 시계, 의류 등 대부분의 명품을 취급하지만 3~5년 미만의 비교적 최근에 출시된 명품만 사고파는 사이트라는 데 주의하자. 상품 카테고리, 브랜드를 입력하고 수거 신청만하면 판매 상품을 직접 수거해 정가품 검수와 촬영, 판매까지 모든 과정을 대신 도맡는다. 단, 셀러가 아닌 바이어의 마음으로 이 사이트를 둘러보면 나도 모르게 지갑을 열게 되는 수가 있으니 정신 바짝 차려야 한다.

구구스

구구스 앱이나 웹사이트에서 '출장방문'을 신청하면 자신의 집에서 가방과 시계, 주얼리와 의류 등을 거래할 수 있다. 판매자 입장에서는 직접 제품을 들고 이동하며 중고거래 매장에서 신분이 노출돼 불편해지는 상황을 피할 수 있고, 업체 입장에서는 판매자의 집에서 거래하는 만큼 명품 제품 거래에서 가장 중요한 위변조 제품 여부에 대한 리스크를 상당히 낮출 수 있으니 인기가 높다. 출장 방문 날짜를 선택하고, 판매 의뢰할 제품의 사진을 간단히 찍어올리면 업체

직원이 방문해 물건을 픽업하고, 최종 감정을 거쳐 거래 가능 여부를 문자나 전화로 즉시 안내해준다. 거래가 성사되면 매입금은 현장 지급하거나 이체해준다.

주마

중고나라에서 운영한 모바일앱 버전의 방문 고물장수 서비스였다. 헌책이나 폐지, 낡은 프라이팬과 냄비, 헌 옷, 고장 난 가전처럼 고물상에 갖다 줄법한 것들을 모아두었다가 앱으로 연락하면, 집으로 찾아와 수거해가는 획기적인 시스템으로 2015년 전후해서 굉장히 인기를 끌었다. 실제 고물상에서처럼 철저히 무게 단위로 측정해 값어치를 매기므로, 무게가 많이 나가는 겨울옷이나 신발, 천덕꾸러기가 돼버린 헌 잡지 등을 처분하기에 좋았다. 본문에서 실제 헌 옷 및 헌 책을 처분할 때 이용한 곳으로 소개하였으나, 안타깝게도 현재는 서비스를 중단한 상태다.

맨 처음 목표는
600만 원 벌기였다

'매일 돈 버는 여자'라는 연재 글로 브런치에 글을 쓰기 시작할 때만 해도, 이 주제로 적어도 10개 이상의 글을 쓸 수 있기를 바랐다. 당시에는 당연히 책으로 낼 수 있을 거라는 기대는 일절 없었다. 그도 그럴 것이 푼돈이라고는 하지만 출근하지 않고 돈을 벌 수 있는 일의 종류라는 게 그리 다양하지 않다. 게다가 '유튜브 콘텐츠로 한 달에 대기업 연봉 벌기' 같은 자극적인 콘텐츠들이 넘쳐나는 세상이니, 10원 단위로 모아보자는 얘기에 누가 관심이나 가질까 싶었다. 그럼에도 불구하고 3년간 꾸준히 소재를 찾고 글을 쓴 건 순전히 내가 너무 즐거워서였다. 1원, 50원, 300원씩 차곡차곡 모일 때마다 한 번도 행복감을 느끼지 않은 순간이 없었다.

온라인 연재를 시작하면서 사람들을 만나면 대화 말미에 혹시 자신만의 돈벌이가 있는지 물었다. 신기하게도 다들 '뭔가'를 해서 돈을 벌고 있었다. 새로운 돈 벌거리 정보를 얻으면 쾌재를 부르며 정보를 검색하고, 악착같이 지원서를 내고, 기회를 얻기 위해 매달렸다. 돈 벌리는 일이 하나둘 늘어갈수록 더 많은 이들에게 알리고 싶다는 욕망이 거세게 일었다. 원하는 건 하나였다. 내가 그랬듯 사람들이 작은 동전 하나에도 행복할 수 있었던 기억을 되찾기를 바란다는 것.

2020년 3월, 위즈덤하우스에서 처음 출판을 제의했을 때, 내가 가지고 있던 돈 벌거리의 가짓수는 10개를 겨우 넘는 정도였다. 책으로 만들려면 적어도 그 2배를 채워야겠다 싶었다. 그 이후로 이것저것 정신없이 일거리를 찾아다니며 시도한 것들이 결과적으로 나를 살렸다. 코로나19가 삼켜버린 그 봄과 여름, 비슷한 일을 하던 주변 사람들이 일거리를 잃거나 극심한 '코로나 블루'를 앓으며 괴로워할 때도 나는 괜찮았다.

매일 조금씩 하는 돈벌이가 스무 개나 되니, 일단은 몸이 너무 바빠서 우울할 틈이 없었다. 눈을 뜨자마자 침대에서 앱으로 출석 체크를 하고, 아침 일찍 화장품 테스터를 하러 갔다가 기다리는 동안 앱 설문조사를 하고, 오후에는 카드사 패널 과제를 위해 파워포인트를 만들었다. 그 사이 가전회사의 화상 FGD에 참여하기도 하고, 저녁에는 은행 패널 과제를 위해 홈페이지들을 들락거리며 조사를 했다. 주말에는 고양이 펫시터가 되거나, 운이 좋으면 경기도 농장의 밭고랑에서 모처럼 코에 바람을 쐬어주었다. 솔직히 내 생애 이렇게 시간을 쪼개서 효율적으로 활용해본 적이 있을까 싶을 정도의 6개월이 이 책 덕분에 후딱 지나갔다.

그리고 그 6개월 동안 단 하루도 돈을 못 벌고 지나간 날은 없었다. 하루에 단돈 1원이라도 10원이라도 벌었고 덕분에 늘 앞으로 나아가고 있다는 생각이 들었다. 매달 하는 과제지만 '우수 고객 패널'로 선정되어 뜻밖에 10만 원 정도의 '큰'돈을 더 벌었을 때는 뛸 듯이 기뻤다. 물론 돈과 상관없이 고객 패널 담당자나 동료 패널들이 "잘하고 있다"는 칭찬의 말만 건네도 그 이상으로 행복했다. 돈의 인식 단위가 작아진 만큼, 극한의 행복감을 느낄 수 있는 자극의 최솟값도 낮아진 것이다.

솔직히 올해 초 엑셀 파일로 만든 수입 관리표의 저장 제목은 '매일 돈 버는 여자의 600만 원 만들기'였다. 그리고 1년이 지난 지금 최종 합계 금액은 어느새 1000만 원을 훌쩍 넘었다.

동전으로 만든 나만의 세상 속에서 살아가며 깨닫게 된 사실이 있다. 습관처럼 꾸준히 해나가는 무언가가 있다면, 앞으로 어떤 순간에도 내 자신이 무기력하다고 느끼지 않으리란 거. 그게 바로 푼 돈 사냥꾼의 매력이고 매일 더 행복해지는 길이다.

여섯 살 조카가 고모가 쓰는 책에 관심이 많다. 책이 마무리되어 간다고 하니 녀석이 뜻밖의 요구를 한다. 자신이 보는 동화책에는 늘 첫머리에 '누구에게'라며 헌정하는 페이지가 있다고, 고모의 새 책에 자신의 이름을 넣어주면 좋겠다고 말이다. 이렇게 열심히 돈을 번 이유에는 조카바보로 살기 위한 것도 있었으니까. 이 책을 하나뿐인 조카 윤이에게 바친다.

2020년 12월 오일리스킨

1년에 티끌 모아 천만 원

푼돈 사냥꾼

초판 1쇄 인쇄 2020년 12월 11일 **초판 1쇄 발행** 2020년 12월 17일

지은이 오일리스킨
펴낸이 연준혁

출판부문장 이승현
편집 2본부 본부장 유민우
편집 2부서 부서장 류혜정
책임편집 선세영
디자인 강경신
일러스트 this-cover.com

펴낸곳 ㈜위즈덤하우스 **출판등록** 2000년 5월 23일 제13-1071호
주소 경기도 고양시 일산동구 정발산로 43-20 센트럴프라자 6층
전화 031)936-4000 **팩스** 031)903-3893 **홈페이지** www.wisdomhouse.co.kr

ⓒ 오일리스킨, 2020

ISBN 979-11-91119-95-4 03320

이 도서의 국립중앙도서관 출판예정도서목록(CIP)은 서지정보유통지원시스템
홈페이지(http://seoji.nl.go.kr)와 국가자료종합목록시스템(http://www.nl.go.kr/
kolisnet)에서 이용하실 수 있습니다. (CIP제어번호: CIP2020051688)